Gudrun Weerasinghe

Tierisch brillantes Tarot

Das Tarot für Tierfreunde als Hilfe für unsere Tiere

Gudrun Weerasinghe

Tierisch brillantes Tarot

Das Tarot für Tierfreunde
als Hilfe für unsere Tiere

ISBN: 978-3-00-028252-2

1. Auflage 2009

Gestaltung & Satz: XPresentation, Boppard

Gudrun Weerasinghe
E-Mail: info@arthealing.de · Web: www.tierkommunikationswissenschaft.de

INHALT

DIE EINZELNEN KARTEN
IM ÜBERBLICK

Kleine Arkana

Große Arkana

VORWORT

Bisher gab es in den geschichtlich erforschten Zeiten unseres Planeten noch nie eine Epoche wie unsere jetzige, in der die Erkenntnisse aus den verschiedensten Fachgebieten miteinander verknüpft werden und Wissenschaft und Theosophie sich einander die Hand geben.

Naturwissenschaftler erschließen, was Propheten und Mystiker der vergangenen Jahrhunderte schriftlich niedergelegt haben. Quantenphysiker entdecken, dass wir uns heute mitten in einem Paradigmenwechsel befinden, der alles in Frage stellt, was wir bisher für real und wahr hielten. Sie beweisen, dass die Quelle aller Physik und Evolution im Geistigen jenseits der vermeintlichen Materie liegt. Wissenschaft und Mystik, zwei Erkenntniswege, verbinden sich nun. Die Aussagen der Philosophen und Mystiker decken sich mit denen der Naturwissenschaftler.

Es dauert natürlich, bis sich ein neues Paradigma etablieren kann. Oder haben Sie sich schon an den Gedanken gewöhnt, dass es in Wirklichkeit keine Materie gibt und wir über "Quantenhologramme" Raum und Zeit überwinden, mit unseren Tieren telepathisch kommunizieren und auch deren Lebensmission, ihre Lebensumstände aus der Vergangenheit und aus der Zukunft erfragen können?

Wie ist es möglich, dass ein Mensch Karten zieht, nach gegenwärtigen, vergangenen oder zukünftigen Situationen fragt, Charaktereigenschaften eines Wesens oder die Bedeutung von Verbindungen zu ermitteln wünscht – und dann auch noch eine Antwort erhält, die der vermeintlichen "Realität" standhält, ohne dass der Fragesteller im Tagesbewusstsein die Antwort gekannt haben könnte. Grenzwissenschaftler und Quantenphysiker sprechen in diesem Zusammenhang von einem Quantenhologramm, in dem wir lesen können, um das gesamte Leben eines Geschöpfes, seine Vergangenheit, Gegenwart und seine Zukunft, Geschehnisse, die auf es einwirken sowie seine Gedanken und Gefühle zu erfahren. Die Quantenphysik lehrt uns, dass es keine lineare Dimension "Zeit" gibt, sondern diesen so genannten "Überraum", wo Zeit und Raum, wie wir sie erfahren, belanglos sind. Ein kosmischer Riesenspeicher, ein Weltgedächtnis, das ständig neu mit "Zeitgeschehen" gefüttert wird, sammelt einstige Ereignisse, Personen und Epochen – von der Weltentstehung bis zum heutigen Tag. In diesem Zusammenhang sei das "morphische Feld", von dem Rupert Sheldrake spricht, erwähnt.

Hellsichtige, sensitive Menschen sind in der Lage, sich bewusst oder unbewusst in diesen nicht existierenden Raum und in diese nicht existierende Zeit zu begeben, um daraus zu lesen. Lesen können wir diese mittels unserer Hellsichtigkeit, das heißt mit Hilfe unserer Intuition, aber auch mittels Karten oder einer Schale Wasser, einer Kristallkugel, mittels Rauch oder auch mit Hilfe von Sandkörnern. Die Karten selbst sagen uns nichts, sondern wir, die fragenden Menschen, rutschen geistig in dieses Quantenhologramm und ziehen, geführt durch die uns dort umgebende Frequenz oder Schwingung, entsprechende Karten, die wir anschließend interpretieren. Die Karten spiegeln unsere Möglichkeiten wider. Dieses Tarot spiegelt sowohl die Chancen unserer Tiere als auch deren voraussichtliche Entwicklungen wider und überlässt es dem Fragenden, seine Schlüsse zu ziehen.

Wie aber kommen wir in diesen "kosmischen Riesenspeicher", in dem alle Informationen gespeichert sind, nicht nur die aus der vermeintlichen Vergangenheit, die ich lapidar aus dem Unterbewusstsein zapfen könnte? Es ist ganz einfach! Ich versuche mit Hilfe der Quantenphysik zu erklären, wie und warum das Tarot "funktioniert".

Unser Universum, genauso wie wir und unsere nichtmenschlichen Mitgeschöpfe, besteht aus Quanten, aus Photonen und Atomen. Physiker waren der Materie immer näher "auf den Pelz gerückt", waren mit immer raffinierteren Versuchen und feinsten Messgeräten in die Welt der Atome vorgedrungen – mit dem Ergebnis, dass Materie immer unerklärlicher, immaterieller, geisterhafter erschien. Wie Physiker in zahlreichen Experimenten herausfanden, spielen zwischen diesen winzigen Teilchen Entfernungen keine Rolle. "Ein Photon, aber auch größere

Quantenobjekte wie Elektronen und sogar Atome ‚wissen‘, was sie bei bestimmten Experimenten erwartet und bilden dementsprechend unterschiedliche Muster. Sie gelangen über die Topologie des Raums irgendwie an Informationen. Aber nicht nur das! Quanten ‚wissen‘ offensichtlich auch über die Aktionen ihrer Vorgänger Bescheid bzw. sie agieren jenseits von Raum und Zeit." (Stephan Siebenkäs: Aufsatz "Der Koan der Quantenphysik und der Koan des Lebens", S. 15)

Und nun wird es bezüglich unseres Tarots noch interessanter, denn einen besonders verblüffenden Beweis, dass in die "Zeit" einzusehen ist, lieferte das so genannte Experiment der verzögerten Entscheidung nach Wheeler. Dabei zeigt sich, dass eine Entscheidung, die der Versuchsleiter in diesem Augenblick trifft, einen Einfluss darauf hat, wie sich Quanten **in der Vergangenheit** verhalten werden.

Das muss man sich einmal vorstellen. Wir Menschen können nach neuesten wissenschaftlichen Erkenntnissen die Vergangenheit sogar beeinflussen, ganz zu schweigen davon, dass wir uns die Vergangenheit auch "nur" anschauen können.

"Ein Quant agiert auf der einen Seite jenseits von Raum und Zeit, ist gut informiert, ohne sich aber zu zeigen und Wirkungen zu hinterlassen. Es sieht, ohne gesehen zu werden. Dann tritt es plötzlich an einem bestimmten Ort in Erscheinung, wird sichtbar, hinterlässt eine deutliche Spur. Quanten sind Reisende." (Stephan Siebenkäs: "Physik des Wünschens", S. 122) Offensichtlich können diese kleinsten Teilchen des Universums Zeitreisen vollbringen. – Diese Teilchen sind jedoch wir. Wir alle, das gesamte Weltall, Steine, Pflanzen, Tiere und Menschen, einfach alles besteht aus diesen Quanten. Also reisen wir, so wir es wünschen, durchaus quer durch die Zeit und den Raum. Das ist genau das, was wir tun, wenn wir uns mit einem Tarot oder einem Orakel beschäftigen.

Wir wünschen uns also, in die Zukunft oder in die Vergangenheit des Tieres blicken zu dürfen – und zwar in dem Moment, wenn wir die Karten ziehen. Da Raum und Zeit aufgehoben sind, befinden wir uns bereits geistig am Wunschziel, nämlich der Zukunft oder der Vergangenheit unseres Tieres.

Soweit ich meinen Recherchen glauben schenken darf, gab es seit anno 1377 zum ersten Mal ein Kartenspiel, das in "wundersamer Weise den Zustand dieser Welt beschreibt". Es wurde urkundlich von einem Mönch namens Bruder Johannes* erwähnt, und anscheinend weiß niemand, wer es erfunden hat. Dieses Tarotspiel bezog sich allerdings auf die psychologische, körperliche und philosophische Situation der rein menschlichen Welt. Ein Kartenspiel, das den Zustand des tierlichen Lebensbereiches beschreibt, gab es offensichtlich (bisher) nicht.

Gudrun Weerasinghe, die erste offizielle Tierkommunikatorin Deutschlands, ist eine Anwältin der Tiere, die sich unbeirrbar für das Wohl der Tiere einsetzt. Ich halte es für sehr innovativ und emphatisch, ein Tarot für unsere Mitkreaturen zu entwickeln, das wieder, dem roten Faden ihres Lebens folgend, dem Wohl der Tierwelt dienen soll. Gudrun Weerasinghes Tarotspiel ist ein wertvoller Versuch, den gleichsam rationalen als auch emotionalen und sensiblen Menschen vermehrt an das Wesen Tier heranzuführen und auf eine Ganzheitlichkeit der gesamten Mitschöpfung hinzuweisen. Wie ich in meinem Buch "Das geheime Leben der Tiere. Ihre unglaublichen Fähigkeiten, Leistungen, Intelligenz und magischen Kräfte" anmerkte, hatten es unsere tierischen Mitgeschöpfe im Zeitalter ihrer totalen Ausbeutung nie so nötig wie heute, Hilfe in jedweder Form zu erfahren.

Ernst Meckelburg
Wissenschaftsjournalist und Bestsellerautor

---

* *(Hanjo Banzhaf, Interview in der Zeitschrift "Elle", Nr.3/Jahr 2005, S. 89)*

—⟨❦⟩—

EINLEITUNG

Ein Tarotspiel ist und bleibt immer ein SPIEL!

Ich bitte die fragenden Personen eindringlich zu berücksichtigen, dass das Kartenspiel verheerende Folgen für das Tier nach sich ziehen könnte, wenn die Fragenden die Antworten zu ernst und zu wörtlich nehmen.

Die 78 Bilder zeigen absichtlich **vorwiegend Bilder von Menschen**, die Tiere symbolisieren. Sie finden dabei hauptsächlich weibliche Puppen oder Menschengestalten auf meinen Gemälden, weil ich Frauen ästhetischer finde als Männer. Sie sind eben "das schönere Geschlecht" ... Vor allem aber habe ich weibliche Figuren gewählt, weil Frauen als emotionaler gelten.

Ich habe die Tiere deshalb "vermenschlicht", weil Menschengesichter oder Puppengesichter – die menschliche Körperhaltung, Mimik und Gestik – viel deutlicher tierliche* Emotionen zum Ausdruck bringen als die Tierphysiognomie. Tierköpfe verfügen nicht über die Muskeln menschlicher Gesichter, die uns Menschen einen viel emotionaleren Ausdruck verleihen. Außerdem könnte es zum Beispiel einen Katzenhalter verwirren, der Antworten bezüglich seines Tieres erwartet, dann jedoch Pferde, Ratten, Hunde oder Schweine auf den Abbildungen vorfindet.

Auf fast jeder Karte finden sich dennoch zusätzlich Tierabbildungen, die allerdings mehr der Dekoration dienen, als dass ich den abgebildeten Tieren Eigenschaften unterstellen möchte, die sie weder verdienen

---

* *Den Ausdruck "tierlich" verwende ich, weil dieser Terminus in der Tierschutzszene üblich und der Begriff "tierisch" oft negativ besetzt ist.*

noch besitzen. So sind Kröten, die sich auf der Karte "Trägheit" befinden, sicherlich körperlich träger als Rentiere, dennoch sind sie sehr flink in ihrer Auffassungsgabe. Löwen lieben ihre Jungen natürlich ebenso wie Fledermäuse oder andere Tiere, und ein dunkles Pferd soll in der realen Welt nicht als Feind angesehen werden, nur weil es auf der Feindkarte in diesem Spiel zu finden ist. Schlangen sind natürlich ebenfalls nicht aggressiver als andere Tiergattungen. Dennoch, befand ich, machte sich die Form der Schlange auf der Aggressionskarte aus rein ästhetischer Sicht gut. Natürlich kann ein Eisbär kämpfen und macht sich hervorragend auf der Kämpferkarte, aber selbstverständlich zeigt er sich auch zärtlich oder verspielt, weswegen er genauso gut auf der Karte "Zärtlichkeit" zu finden sein könnte.

Eine abstrakte Bebilderung lehnte ich deshalb ab, weil konkrete Darstellungen eher Reaktionen beim Betrachter hervorrufen. Bei diesem Tarot geht es um die ausgewogene Verbindung zwischen unseren menschlichen Emotionen und unserer Ratio. Ich hoffe, dass so mancher Spieler durch die Anregungen und Anreize, die ihm diese Spielkarten vermitteln, eine innigere, verständnisvollere, verantwortungsvollere und liebevollere Beziehung zu seinem Tier erfährt. Ferner sind wir erwiesenermaßen alle Tiere, menschliche und nichtmenschliche – oder wie man im Englischen sagt: "human and non human animals".

Ein Tarot für Menschen besteht fast immer aus 78 Karten. Dieses Tarot, das ich speziell für die Bedürfnisse von Tieren entworfen habe und das bis jetzt international einmalig und einzigartig ist, besteht grundlegend aus 69 Karten, die ich hier "Kleine Arkana" nenne. Sie machen den Hauptbestandteil dieses Systems für Tiere aus. Neun weitere Karten sehe ich im weitesten Sinne als "Große Arkana" dieses Tiertarots an.

Zu den 69 Hauptkarten: Die beiden Zahlen 9 und 6 liegen als 69 synchron oder auch harmonisch und untrennbar nebeneinander, egal, wie man sie legt. Dies soll ein Zeichen sein für die dringend nötige brüderliche Energie zwischen Mensch und Tier. Daher nehme ich an, dass eine Zahl das menschliche Tier und eine Zahl das tierliche Tier symbolisiert. Wieso es nötig ist, diese Energie nachdrücklich zu erzeugen? Noch nie in der Geschichte dieses Planeten litten unsere tierlichen Mitwesen so extrem, noch nie wurden sie so unglaublich pervers behandelt wie in unserem Jahrhundert, wo das übelste aller Verbrechen, die Vivisektion, in ungeahnter und sinnloser Weise stetig voranschreitet. Tierkonzentrationslager und Tierfabriken tragen sogar auf den entlegensten Inseln der Erde zur Qual der dort zu Milliarden leidenden Tiere bei. Diese Tiere leiden im Zuge unseres selbst erdachten Speziesismus, um angeblich dem Wohl von uns Menschen und dem unserer Schoßtiere zu dienen. Das Massentöten von Wehrlosen wird industrialisiert.

Da Tiere in unserer Gesellschaft keine Stimme haben, sollten wir sie aus ihrer Not, die wir Menschen ihnen zugefügt haben, befreien, indem wir unser Bewusstsein auf jeder Ebene, sei sie emotional, spirituell, psychisch, intellektuell oder materiell, stetig in Richtung Mitwesen Tier erweitern. Dazu tragen hoffentlich auch einzelne Aspekte der entsprechenden Texte dieses Begleitbuches und der symbolhaltigen Kartenbilder bei.

Die Quersumme 6, die beiden Zahlenpaaren, der 78 (Anzahl der Gesamtkarten) als auch der 69 (Karten der Kleinen Arkana) zu eigen ist, bedeutet kabbalistisch gesehen: Freiheit, Göttlichkeit und Herrlichkeit. Drei daneben ist eine göttliche Zahl, und 2 x 3 ist gleich 6. Die Quersumme 6 bedeutet also doppelte Heiligkeit. Das Wort "heilig" wiederum stammt aus dem Hebräischen und bedeutet Licht, und im Licht enthalten sind positive Attribute, wie Freiheit und Gleichheit vor dem Gesetz. Insofern ist auch die Würde des Tieres unantastbar. Laut der Bibel begann die Finsternis am Kreuz zur sechsten Stunde und endete zur neunten Stunde, und die 9 ist eine 3 x 3 (Gott vollkommen offenbart in all Seiner Herrlichkeit).*

Meinen Sie nicht auch, dass wir uns heute in einer Zeit befinden, in der wir unsere tierlichen Mitgeschöpfe dringend aus deren trostloser

---

* Quelle: www.bibelkreis.ch, Die symbolische Bedeutung der Zahlen nach F. W. Grant, Seite 9, 25.06.2008

Finsternis befreien und in die lichtvolle Herrlichkeit geleiten sollten? Auch das ist ein Grund, warum ich meine, dass ein eigens auf die Bedürfnisse von Tieren zugeschnittenes Tarot 69 Hauptkarten beinhalten sollte.

Warum habe ich dann nicht 78 Hauptkarten gewählt, wenn die Quersumme, die mir so wichtig scheint, 6 ergibt? Nun, ich habe bewusst eine unterschiedliche Kartenanzahl gewählt als im auf Menschen bezogenen Tarot: Tierliche Tiere sind uns menschlichen Tieren zwar in vielerlei Hinsicht sehr, sehr ähnlich, was ihren Körperbau bis in die kleinste Zelle betrifft, ihre Leidensfähigkeit, ihre Empfindsamkeit, ihre Spiritualität und erwiesenermaßen ihre emotionale und auch rationale Intelligenz, worauf ich in meinem Buch "Seelenbilder unserer Tiere" detailliert eingehe. Dennoch gibt es zwei bedeutsame Unterschiede: Tiere sind gnadenlos von uns abhängig und werden es immer sein, sonst müssten wir nicht die Karten für die Tiere ziehen in der Hoffnung, diese besser verstehen und ihren Bedürfnissen entgegenkommen zu können. Tiere sind seelenvoller als Menschen, sie sind in der Lage, bedingungslos zu lieben – ebenfalls anders als wir, die wir das Wort LIEBE kaum noch buchstabieren können, sondern es häufig nur noch inflationär missbrauchen. Tieren ist zudem eine besondere Form von Ethik und Moral zu eigen, die uns verloren gegangen ist, falls wir Menschen sie je besaßen. Tiere würden nicht töten um des Spaßes willen. Sie töten unbewusst oder weil sie tierische Nahrung aufgrund ihres Körperbaus benötigen. Fleischfresser besitzen Reißzähne und einen kurzen Darm. Wir Menschen aber brauchen, als von der Natur vorgesehene Fruchtfresser, keine Tiere als Nahrung. Unsere Zähne und unser langer Darm eignen sich absolut nicht dazu, tierische Nahrung zu uns zu nehmen oder sie zu verdauen ...

Als Tierkommunikatorin weiß ich, dass Tiere nicht lügen können. So sehr Tiere dem Menschen also auch ähneln, so sehr unterscheiden sie sich in moralischer Hinsicht von uns. Insofern würde ich es den Tieren gegenüber als ungerecht empfinden, würde ich sie auf eine Ebene mit uns Menschen stellen. Das ist ein weiterer Grund, weswegen sich dieses Tarot für Tiere schon rein äußerlich von einem Kartenspiel für Menschen unterscheidet.

Wenn wir uns ferner das Bild der 69 anschauen, so fällt auf, dass die Zahl wie ein gespiegeltes Symbol aussieht. Es gibt äußerlich keinen Unterschied zwischen der 9 und der 6, abgesehen davon, dass eine Zahl "auf dem Kopf steht". Die 69 scheint mir ein Symbol für "Ursache" zu sein: Jede Ursache hat eine Wirkung – jede Wirkung hat eine Ursache. Jede Aktion erzeugt eine bestimmte Energie, die mit gleicher Intensität zum Ausgangspunkt oder zum Erzeuger zurückkehrt. Die Wirkung entspricht der Ursache in Quantität und Qualität, und Gleiches muss Gleiches erzeugen. Aktion erzeugt demnach Reaktion. – So kehrt doch alles in kosmischer Gesetzmäßigkeit eines Tages zu uns zurück! Das sollten wir Menschen im Umgang mit den von uns abhängigen Tieren bedenken.

Die Anzahl 69 für die Hauptkarten befand ich aufgrund des oben beschriebenen Symbolgehalts für gerechtfertigt und den Tieren gegenüber für würdig.

Neun weitere Karten entstanden, um grundlegende Wesenszüge und Charaktereigenschaften unserer Tiere zu erfragen und um diese besser verstehen zu können. In der Numerologie bedeutet die Zahl 9 allumfassende Liebe, persönliche Liebe sowie Aufopferungsfähigkeit. Die 9 ist die Zahl der Hilfsbereitschaft und der Sensibilität. Menschen mit dieser Geburtszahl wird Einfühlsamkeit und Toleranz zugestanden, also Attribute, die den sensitiven Tieren fast grundsätzlich zugeschrieben werden können. Für die Kelten steckte in der Neun das ganze Universum. Drei mal drei (die göttliche Zahl) ergab für sie einen Absolutheitscharakter, da darin sowohl die Fünf, welche Zeit und Raum erfasste, als auch die vier Himmelsrichtungen enthalten waren. Die Neun gilt als Zahl der Vollkommenheit, da sie dreimal die in vielen Kulturen als "göttlich" angesehene Zahl Drei enthält.

Ganz ähnlich betrachte ich die Persönlichkeitsanteile und Wesenszüge der Tiere, die viel Wunderbares, an dem wir Menschen uns ein Beispiel nehmen sollten, bereits in sich tragen.

Dieses Tarot für Tiere dient dazu, sowohl unsere übersinnlichen als auch unsere irdischen Sinne zu schärfen und uns aufgrund entsprechender

Antworten Gedanken über das Tier und seine Lebenszusammenhänge zu machen, die dem tierlichen Geschöpf helfen. Auf gar keinen Fall dient es dazu, dümmlich, stupide, kritiklos und oberflächlich die Antworten der Karten als bare Münze zu nehmen und strikt zu befolgen.

Der Avatar Sri Sathya Sai Baba sagte: "Das Leben ist ein Spiel, spiel es!" Dies ist natürlich eine sehr weise Aussage. Ich möchte Sie in diesem Zusammenhang jedoch bitten: "Spielen Sie bitte Ihr eigenes Leben, aber verspielen Sie nicht das Ihres Tieres!"

Viele Menschen, die dieses Tarot als Hilfe für ihre Tiere anwenden, haben sicherlich schon einmal Tarotkarten für Menschen benutzt oder haben sich diese legen lassen. Sollten Sie dazugehören, ist Ihnen bestimmt aufgefallen, dass viele "Medien" Ihre Vergangenheit formidabel auslegten, bei der Deutung der Zukunft jedoch, wegen derer Sie das Medium eigentlich aufgesucht hatten, völlig danebenlagen ... Im Laufe der Zeit stellte sich nämlich heraus, dass alles, was Ihnen der Kartenleger mitteilte, rundweg falsch war. Wie kommt aber solch ein Phänomen zustande, wenn – wie erwähnt – es doch sogar wissenschaftlich belegbar ist, dass wir in die Zukunft zu schauen vermögen?

Nun, um die Vergangenheit "richtig" zu lesen, muss der Kartenleger lediglich den Fragenden "anzapfen", eine der leichtesten Übungen beim Kartenlegen überhaupt, egal ob es sich um ein menschliches oder um ein nichtmenschliches Wesen handelt. Einem Menschen, der nur ein wenig sensitiv und nur geringfügig in Telepathie bewandert ist, gelingt es schnell, in das Unterbewusstsein des Fragenden zu dringen und dort sowohl die Vergangenheit, die Gegenwart als auch die Zukunftswünsche des Hilfesuchenden zu "erfühlen". Das hat nichts mit Hellseherei zu tun, sondern nur mit dem "Anzapfen" des Unterbewusstseins der menschlichen oder tierlichen Person, um die es sich bei der Fragestellung handelt.

So ist es verständlich, dass einige selbst ernannte "Hellseher" oder Medien ständig Erfolgserlebnisse vorweisen, während sie die Vergangenheit des Fragenden schildern, jedoch keine Ahnung von der Zukunft der

Hilfe suchenden Personen aufweisen. Die Vergangenheit wurde "richtig", die Zukunft völlig falsch vom selbst ernannten "Medium" dargestellt. Wirklich Sensitive wiederum benennen nur die Zukunft des Fragenden. Seine Vergangenheit kennt der Hilfe suchende Mensch selbst. Natürlich kann ein Medium sich allgemein mit der Klärung bestimmter Lebensfragen befassen. Die Aufklärung dieser "Fragen an das Leben" liegt allerdings immer automatisch in der Zukunft, gemäß unserem irdischen Zeitempfinden, denn wir befinden uns ständig und in jeder neuen Sekunde, die auf uns zukommt, in der Zukunft.

Zu allen Zeiten suchten Menschen vor besonderen Entscheidungen Orientierungshilfen. 382 vor Christus soll Pythia in Delphi das letzte Mal in Trance ein Orakel mit Hilfe Apollons verkündet haben. Sokrates dagegen hörte lieber auf "die innere Stimme". Berühmte Hellseher wie Edgar Cayce oder Nostradamus sind ein Beispiel für Menschen, die bewusst oder unbewusst das so genannte Quantenhologramm anzapften. Allein aus ihrem Unterbewusstsein hätten Sie kaum die Zukunft des Planeten voraussagen können. C. G. Jung, der gerne auch als gestandener Mann I Ging befragte, sprach bezüglich der Aufhebung von Zeit vom Synchronizitätseffekt. Der Grund dafür liegt in dem von C. G. Jung so bezeichneten Synchronizitätsprinzip, dem akausalen, aber sinnfälligen Zusammenfluss von Geschehnissen. Seiner Meinung nach handelte es sich um "eine psychisch bedingte Relativität von Raum und Zeit". Ein von Jung gern zitiertes Beispiel für Synchronizität ist die Geschichte von Deschamps und Fontgibu: "Ein M. Deschamps erhielt als Knabe einmal in Orléans ein Stückchen Plumpudding von einem M. de Fontgibu. Zehn Jahre später entdeckte er in einem Pariser Restaurant wieder einen Plumpudding und verlangte ein Stück davon. Es erwies sich aber, dass der Pudding bereits bestellt war und zwar von einem M. de Fontgibu. Viele Jahre später wurde M. Deschamps zu einem Plumpudding als einer besonderen Rarität eingeladen. Beim Essen machte er die Bemerkung, jetzt fehle nur noch M. de Fontgibu. In diesem Moment öffnete sich die Türe, und ein uralter, desorientierter Greis trat herein: M. de Fontgibu, der sich in der Adresse geirrt hatte und fälschlicherweise in diese Gesellschaft geraten war." (C. G. Jung: Synchronizität, Akausalität und Okkultismus, dtv Verlag, München, 1990, S. 19)

Wir alle kennen solche Synchronizitätsfälle. Meist tun wir sie als Zufälle oder Kuriosität ab und verzichten darauf, nach einer plausiblen Erklärung dafür zu suchen. Ähnliches gilt für das Befragen eines Orakelsystems wie des Tarots. Wir wundern uns darüber, dass die Karte auf überraschende Weise zu der gestellten Frage passt, tun dies aber in der Regel als Zufälligkeit oder Glückssache ab und gehen der Sache nicht weiter nach. In Wirklichkeit ist jedoch beim Befragen eines Orakelsystems das gleiche Prinzip am Werk, nämlich Synchronizität.

Orakelsysteme sind jedoch wirklich nur dann hilfreich, wenn wir nicht emotional an unserem eigenen Wunsch haften, sondern uns für die unendlichen und tiefsinnigen Erkenntnisse öffnen. Ich habe unzählige Male erlebt, wie Menschen in schwierigen Lebenssituationen durch Befragung des Tarots oder anderer Orakelsysteme eine Orientierung gefunden haben, die sie mit rationalen Hilfsquellen nicht hätten erreichen können.

Allerdings sind mir in meiner Praxis auch viele Hilfesuchende begegnet, die unter einer regelrechten Orakelsucht litten. Diese äußert sich darin, dass man fast täglich belanglose Fragen stellt und weder in der Lage ist, das Tarot richtig zu deuten, noch die entsprechenden Konsequenzen daraus zu ziehen. Ein solcher Umgang mit dem Tarot, sei es ein Spiel für Tiere oder für Menschen, scheint mir äußerst bedenklich, weil man diese Mittel dann nur dazu benutzt, um sich vor der eigenen Verantwortung zu drücken. Das Resultat ist dann stets mehr Verwirrung und weniger Klarheit, ganz besonders im Hinblick auf hilflose Tiere, deren Schicksal gänzlich in unserer Hand liegt. Wer in innerem Einklang und innerer Harmonie lebt, braucht keine Orakel, da wir grundsätzlich in der Lage sein sollten, das Quantenhologramm anzuzapfen, um damit unter anderem die mentale Tierkommunikation fehlerlos auszuüben oder hellzusehen. Wer kann jedoch von sich behaupten, immer in äußerer und innerer Harmonie zu leben?

Vor fünftausend Jahren beschrieben Mönche in den Palmblatt-Bibliotheken Indiens das Leben unzähliger, namentlich benannter Menschen aus aller Welt, die dort noch tausende von Jahren später spirituellen Rat suchten und fanden. Und nun kommt das Interessante: Auch Tiere und deren Missionen wurden dort erwähnt.

Ich erfuhr dort 1990 detaillierte Hinweise auf das Leben einiger meiner Tiere, mit denen eine karmische Verbindung besteht. Es handelte sich nicht nur um mein Leben mit Tieren im Allgemeinen oder um mein Engagement im Tierschutz, sondern mir wurde explizit aus dem Leben einiger Tiere berichtet, mit denen ich zu der Zeit lebte, als ich Rat suchte. Diese wurden sogar namentlich erwähnt. Auch Tiere, die viel später in mein Leben traten, wurden bezüglich ihres Charakters und ihrer Lebensaufgabe genannt. Menschliche Verwandte wurden ebenfalls namentlich aufgezählt, frühere Leben und deren Zusammenhang mit meinem jetzigen wurden beschrieben; diese kannte ich fast alle durch meine Reinkarnationssitzungen, und deren Existenz konnte ich bestätigen. Überdies wurden mir hilfreiche Ratschläge und Warnungen erteilt. Da ich selbst vor Ort zu keinem Zeitpunkt nach Namen meiner Verwandten gefragt wurde, hatte ich schon zu Anfang der Lesung die vollkommene Kontrolle darüber, ob der Palmblatt-Reader tatsächlich meine persönlichen Blätter gefunden hatte. Alles, und das kann ich belegen, was die Vergangenheit betrifft, hat gestimmt, doch auch die Passagen, die meine "damalige" Zukunft in diesem Leben anbelangten, haben sich als korrekt erwiesen.

Forschungsinstitute auf der ganzen Welt bemühen sich mittlerweile um den Erhalt dieser beachtlichen und wertvollen Palmblatt-Manuskripte. Die Sammlung medizinischer Palmblatt-Texte des Institute of Asian Studies (IAS) in Chennai (Madras) wurde 1997 sogar in das UNESCO-Programm "Weltkulturerbe" eingeordnet. Wie es zu erklären ist, dass diese Mönche das Leben einzelner Menschen, die Schicksale von Leuten, die (zumindest nach unserer Zeitauffassung) erst Jahrtausende später geboren wurden, und auch weltbewegende Stationen unseres Planeten in diesen uralten Texten niederschrieben, erläutert Ernst Meckelburg (Physiker, Bestsellerautor) im Vorwort.

In meiner Eigenschaft als Tierkommunikatorin und Mediatorin zwischen Menschen und Tieren werde ich oft von Menschen nach Angelegenheiten gefragt, auf die Tiere im Allgemeinen nicht immer eine Antwort wissen. Deshalb beantworte ich zuweilen – mit Genehmigung des Halters – einige Fragen sowohl durch Hellsehen, Hellfühlen, Hellhören oder auch mit Hilfe des Tarots für Tiere.

So stellte ein Tierhalter, der mich als Dolmetscherin aufsuchte, einige Fragen an seine Katze: "Möchtest du umziehen, würde dir eine andere Wohnung besser gefallen? Wie würde es dir gefallen, auf dem Land zu leben?" "Möchtest du mit einem anderen Tier als Freund bei uns leben? Soll es ein Weibchen oder ein Männchen sein? Kommst du besser mit einem jüngeren oder mit einem älteren Tier zurecht?" Eine Schildkrötenhalterin fragte: "Möchtest du eingeschläfert werden, oder möchtest du lieber in sehr schlechter Verfassung weiterleben?" Ein Hundefreund beabsichtigte zu erfahren: "Würde dir eine Kastration guttun?

Derartige Fragen kann kein Tier wirklich beantworten. Wie soll es wissen, wie es sich im Jenseits fühlt? Zwar kann ich als Tierkommunikatorin der Schildkröte eine meditative Jenseitsschwingung einblenden, aber ist das wirklich die Sphäre, in die das Bewusstsein des Tieres nach dessen Tod gleiten würde? Wie soll die Katze wissen, ob ihre Bedürfnisse in einer neuen Wohnung, die sie noch gar nicht kennt, eher gestillt werden als in der alten? Wie soll ein Tier wissen, ob als Kamerad ein weibliches oder ein männliches Tier geeignet wäre? Die Chemie muss stimmen – wie bei uns Menschen. Anders wäre es, wenn tierkommunikatorisch gefragt würde: "Möchtest du die Katze Suse, die du aus der Urlaubsbetreuung kennst, oder den Kater Emil, den du aus deiner Kinderstube kennst, als Kameraden?" Auf diese Frage könnte das Tier mental natürlich antworten.

Aber wie soll ein Hund wissen, ob er nach einer Kastration weniger wegen heißer Weibchen leidet oder ob er weniger aggressiv sein würde?

Eine Tierhalterin fragte bezüglich ihres Hausschweins: "Wie geht es meinem Tier, ist es entlaufen – oder wurde es gar gestohlen?"

Es ist nicht immer möglich, diese Frage mental vom Tier beantwortet zu bekommen, denn ein kürzlich verschwundenes Tier steht oft unter Schock und ist meist nicht in der Lage, geistig in Form von Bildern und Gefühlen zu antworten. Eine andere Tierfreundin beabsichtigte zu erfahren: "Wie sieht die Zukunft meines Pferdes aus, wenn ich es verkaufe, wenn ich ein weiteres dazunehme, wenn ich es mit nach Amerika nehme, wo ich gedenke zu leben ...? Wie wird das Pferd auf meinen neuen Lebenspartner dort reagieren? Wie wird dieser mit meinem Pferd umgehen? Wie bekommt meiner Stute das Klima dort?" Ein arabischer Freund erkundigte sich: "Wie reagiert die Kamelstute, wenn ich ihr Fohlen verkaufe? Ist es der richtige Zeitpunkt? Wie wird es dem Fohlen bei dem neuen Besitzer ergehen?" Wie kann ein Tier aber wirklich wissen, ob es mit einem anderen Kameraden oder Lebensgefährten sein Revier teilen möchte? Auch wenn der Hund mit ins Tierheim kommt und uns mental mitteilt, welchen Hund er gerne als Lebensgefährten hätte und ob überhaupt, mag es kurz darauf ein großes Problem zwischen den beiden geben, und die Lebensqualität würde sich für alle Beteiligten enorm verschlechtern. Wie es dem Kamelfohlen beim neuen Halter ergehen wird, ist ebenfalls kaum vom Tier zu beantworten. Die Katze, deren tierlicher Partner verstarb, kann nicht wissen, ob der neue Partner zu ihr passt.

Natürlich möchte kein Tier einsam sein. Würden wir einfach ein Tier "anschaffen", wäre das unter der Würde unseres vierbeinigen Lebensgenossen, obwohl ich natürlich selbst aus Erfahrung weiß, dass es nicht immer zu vermeiden ist, ein verunglücktes, misshandeltes oder ausgesetztes Tier zumindest kurzfristig mit nach Hause zu bringen, damit es eine Bleibe hat. Wir dürfen jedoch nicht vergessen, dass eine solch gut gemeinte Handlung bei unseren Tieren genau so ankommt, als würde man uns einfach einen fremden Menschen in die Wohnung setzen, der all unsere Dinge in Anspruch nimmt und womöglich – zu allem Überfluss – dazu noch die Liebe unseres menschlichen Partners.

Es ist demzufolge nicht immer möglich, Tiere mental zu befragen, weil sie zuweilen nicht fähig sind zu antworten, weil sie entweder zu jung oder zu alt oder zu gebrechlich sind. Es mag ebenfalls sein, dass ein Tier in bestimmten Situationen zu verstört ist, um Auskunft zu erteilen. Es mag misshandelt oder verwildert sein, so dass es sich nicht in der Lage sieht, unsere Fragen zu beantworten. Nun könnte der Tierhalter jedoch das Tiertarot befragen.

Sie haben aus dem oben Beschriebenen sicherlich bereits herausgelesen, dass ich vom mental-tierkommunikatorischen Ansatz ausgehe. Wir befinden uns in einem Zeitalter, in dem wir allmählich alle in der Lage sein müssten, telepathisch mit unseren tierlichen Mitwesen, die unser Leben oft so sehr bereichern, zu kommunizieren. Bücher, Seminare und CDs über das Erlernen der Tierkommunikation überschwemmen seit vielen Jahren den europäischen und australischen Kontinent, seit Jahrzehnten bereits den amerikanischen.

Ich betrachte es als selbstverständlich, dass der Spieler dieses Tarotspiels diese telepathische Fähigkeit, die wir alle immanent in uns tragen, bei seinen oder anderen Tieren anwendet. Ich erwarte es deswegen, weil ich es für recht unethisch halte, sich auf die Antworten, die "das Tarot" gibt, grundsätzlich und immer zu verlassen. Das Tarot ist ein Spiel und sollte in manchen Fällen zusätzlich zur mentalen Kommunikation mit Tieren angewandt werden. Wird dieses Spiel aber falsch gehandhabt, könnten die Folgen für das Tier unangenehm werden. Auf den genauen Gebrauch der Karten gehe ich im letzten Kapitel dieses Buches ein.

Ein weiterer Grund, sich des Tarots für Tiere zu bedienen: Wir befinden uns inzwischen in einer Zeit, in der Telepathie naturwissenschaftlich bewiesen ist und ich in Interviews nun wirklich nicht mehr gefragt werden sollte: "Gibt es überhaupt mentale Tierkommunikation?", obschon dies noch vorkommt. Der Interviewer sollte vielmehr fragen: "Wie schaffen Sie es eigentlich, die sowohl mentale als auch psychische Anstrengung der Tierkommunikation zu verkraften?" Denn sehr häufig befinde ich mich dabei in Not, Elend, Verzweiflung und Depression. Ich werde als Tierkommunikatorin schließlich um Hilfe gebeten, weil das Tier vermeintliche "Verhaltensstörungen" aufweist, die es zu "beseitigen" gilt, weil es oft extrem unglücklich ist.

Menschen, die sich für Tiere allgemein engagieren und die die Tierkommunikation anwenden, haben es zuweilen auch mit nicht menschlichen Wesen zu tun, die außerhalb ihres Hauses leben und denen sie gerne helfen würden. Sie befinden sich oft mitten in einem entsetzlichen Krieg zwischen hilflosen Kreaturen und den sie ausbeutenden Menschen. Es mag demzufolge möglich sein, dass der Fragende zwar im Grunde telepathisch mit Tieren arbeitet, jedoch selbst subjektiv befangen oder psychisch wegen sehr grausamer Fälle ein wenig lädiert ist und demzufolge momentan kein mentales Gespräch mit einem Tier zustande bringt. Wir sollten auch berücksichtigen, dass es verschiedene Ansätze der geistigen Kommunikation gibt, wie ich in meinen Buch "Mit Tieren kommunizieren" darlege, die sich mehr oder weniger psychisch und physisch anstrengend auswirken. Der Fragende könnte schlicht und ergreifend körperlich oder auch mental zu erschöpft sein, um mit einem bestimmten Tier geistig Kontakt aufzunehmen. – In diesen Fällen erscheint es leichter, interessanter und spannender, sich auf ein speziell für das Tier gelegtes Tarotspiel zu konzentrieren, um bestimmte Fragen, die wir Menschen an das Tier stellen, oder Anliegen, die das Tier betreffen, zu klären.

Ich wünsche dem Spieler dieses "Tarots für Tiere" von Herzen viel Erfolg im **Loslassen von Emotionen** während des Spielens, viel **Weisheit und Intuition**, besonders viel **Verantwortungsgefühl** für unsere tierlichen Schutzbefohlenen und überreichlich **Freude!**

DIE BEDEUTUNGEN
DER EINZELNEN TAROTKARTEN

KLEINE ARKANA

1 Schwangerschaft

*Qualität: Einheit mit allem Lebendigen, Vereinigung be-
wusster und unbewusster Kräfte, bewusste Lebensführung,
Scheinschwangerschaft, Geburt eines Tieres, Entstehung einer neuen Form der Beziehung, Geburt einer Idee, geistige
und seelische Harmonie*

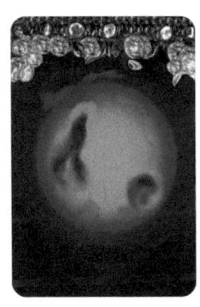

Die Karte zeigt auf den ersten Blick einen hell-
blauen, von Licht bestrahlten Ball mit planetenför-
miger Struktur, der im blauen Wasser schwimmt oder
im Weltall schwebt. Inmitten des Balls erkennen wir
die Silhouette einer Frau, einen Teil ihres Kopfes und
ihre unbekleidete Brust. Der runde Ball, der Planet
oder der gerundete Bauch einer schwangeren Frau
wecken die Assoziation von purer Weiblichkeit. – Bei
genauerem Hinsehen ahnen wir, dass es sich bei diesem Bild auch um
eine Eizelle und Spermien, die sie durchdringen, handeln kann, also
um eine untrennbare Einheit zwischen Yin und Yang, dem Männlichen und Weiblichen, dem Aktiven und Passiven, dem Rationalen und

Emotionalen. Eine Frau, geboren aus einer Eizelle, schwebend in einer Eizelle, die im Kosmos kreist! Mikrokosmos im Makrokosmos ...

Sehen wir noch ein wenig genauer hin, und lassen wir unserer Fantasie freien Lauf ... Vielleicht handelt sich bei diesem ballähnlichen Gebilde, das im Weltall schwebt, auch um Quanten, die kleinsten Teilchen des Universums? Elektrone, Atome und Photone werden demnach mittels dieser Tarotkarte angezeigt.

Alles, was Ihr Tier versinnbildlicht, finden Sie in sich wieder – und umgekehrt. Ihr Tier ist Sie, und Sie sind Ihr Tier, eine untrennbare Einheit, die sich nie verliert, obschon unsere materielle Welt, in der wir inmitten von Raum und Zeit, die jedoch nicht wirklich existieren, gefangen sind.

Wir alle, sämtliche Geschöpfe, Mineralien und Pflanzen eingeschlossen, sind erfüllt von den kleinsten Teilchen, den Quanten, die uns körperlich, seelisch und geistig auf allen Ebenen miteinander verbinden. Dank der Quantenteilchen ist es uns möglich, Energien zu messen. Liebe ist laut einiger namhafter Physiker eine Energieform, auch Gedanken sind Energieformen. Dank der modernen Quantenphysik ist es nun möglich, Telepathie oder Gedankenübertragung nachzuweisen.

Diese Karte ist eine der bedeutsamsten des gesamten Spieles. Sie will Ihnen nicht nur klar machen, dass Sie und alle Kreaturen eins sind, ob Sie diese nun mögen oder nicht. Sie revolutioniert nicht nur Ihr gesamtes Verhältnis zu Ihrem Tier oder Tieren im Allgemeinen und erklärt die in diesem Spiel enthaltenen Karten, wie "Karma", "kosmische Kraft" oder "Mutterliebe", sondern sie erläutert im weitesten Sinn auch die Bedeutung dieses Spieles.

Diese Karte sagt aus, dass Sie oder das Tier, um das es in der Fragestellung geht, eine Einheit bilden mit allem Lebendigen und mehr Verständnis für andere Gattungen und Kulturen aufbringen sollten. Damit sind durchaus Tierkulturen und bekannte intelligente Sozialstaaten von Tieren gemeint, wie die von Ameisen, Barschen oder Termiten. Aber auch Tierarten wie so genannte Schlachttiere, Nutztiere etc., für die wir Liebe und Respekt empfinden sollten, fallen in diese Kategorie. Aus dem

Mittelalter und Sklavenzeitalter sollten wir endlich herausfinden und damit unweigerlich auch unsere Tiere mitziehen – denn laut der Quantenphysik sind unsere Gedanken anderen auf einer unbewussten Ebene zugänglich. Tiere lesen Gedanken sogar viel schneller und leichter als wir Menschen, die wir es kaum gewohnt sind, telepathisch miteinander zu kommunizieren.

Wenn das Tier mehr Mitgefühl und Verständnis für das Leid anderer Tiere aufbringen soll, könnten Sie es ihm vorleben oder gedanklich übermitteln. Leben Sie beispielsweise aus voller Überzeugung vegan oder vegetarisch, so wird dank des morphogenetischen Feldes, in dem wir uns alle befinden, auch das Tier in Ihrem Haushalt sich zu einer bewussteren Lebensführung bekehren lassen.

Die Karte zeigt ferner an, dass ein Tier scheinschwanger ist oder dass es sich eine Schwangerschaft wünscht, sofern zum Beispiel die "Mutterliebe" oder "Behütung" in unmittelbarer Nähe liegen oder als Zusatzkarte gezogen werden. Die "Unanfechtbarkeit" müsste ebenfalls in der Nähe liegen und damit andeuten, dass das Tier vor Schwangerschaft im Moment geschützt ist und nur davon träumt, wenn auch die "Träume" in direkter Nähe liegen. In diesem Fall handelt es sich tatsächlich um eine Scheinschwangerschaft.

Diese Karte zeigt aber auch an, dass eine Geburt bevorsteht, das Tier also trächtig ist. Vielleicht liegen zum Beispiel die "Familie", "Haus", "Karma" und der "Wendepunkt" in unmittelbarer Nähe.

Es kann ebenfalls sein, dass ein Tier mit einer Idee schwanger geht, dass etwas Neues aus ihm heraus geboren wird. Vielleicht findet eine "Metamorphose" statt, wenn diese Karte in unmittelbarer Nähe liegt. Es mag eventuell sein, dass es mit der Idee schwanger geht, sich mit einer neuen oder anderen tierlichen oder menschlichen Person anzufreunden, oder es plant den Angriff auf eine Person, durch die es verletzt wurde. Wer mit Tieren lebt und sie mental versteht, weiß, dass Tiere durchaus auch die Zukunft planen. Aus seriösen Zeitungsberichten erfahren wir, dass Fischschwärme ein Boot mit Fischern tief hinunter in die See zogen oder Elefanten auf Menschen warteten, die sie gequält hatten, um diese dann mit Kokosnüssen zu bombardieren, bis sie tot waren.

Vielleicht liegen die "tierliche Person" und der "menschliche Gefährte" beidseitig neben der Karte "Geburt". Das würde bedeuten, dass zwischen beiden etwas Neues geboren wird, vielleicht eine neue Form der Beziehung. Eventuell begleitet der Hund seinen Gefährten von nun an regelmäßig ins Altenheim, um dort die alten Menschen aufzuheitern, ihre Seele zu erweichen und ihr Herz zu erwärmen.

Die umliegenden und die zusätzlich gezogenen Karten erläutern, worum es sich hier tatsächlich handelt.

2 Fürsorge

Qualität: *Vertrauen, Freude, Schutz*

 Das Tier verströmt Vertrauen. Es öffnet sich dem Menschen oder dem Wesen, das es behütet, vollkommen. Es legt still, in vertrauensseliger Erwartung und in ruhiger Freude seinen Kopf in die Obhut eines älteren, erfahreneren Geschöpfes. Dies mag seine Mutter, ein anderes Tier oder ein Mensch sein.

Dass die Hände, die die Obhut symbolisieren, gut mit dem Tier umgehen, beweist der Ring, der das Auge Gottes symbolisiert. Das Tier ist in Weisheit, Liebe und Güte bestens aufgehoben. Sein Gesichtsausdruck ist weich und entspannt, die Augen leuchten.

Ein weiterer Schutz aus der geistigen Welt wird symbolisiert durch den starken, kraftvollen Hund, der halb transparent und vergeistigt wirkend, den Kopf des Tieres, auf das sich die Frage bezieht, umrahmt.

So sind Schutz und Fürsorge sowohl irdisch als auch spirituell auf allen Ebenen gegeben.

3 Karma

Qualität: Lebenssinn, schicksalhafte Beziehung, schicksalhafte, unausweichliche Geschehnisse sowohl irdischer als auch spiritueller Art

Das Gesetz von Ursache und Wirkung wird hier dargestellt als eine mächtige, schöne Frau, die ihre Weiblichkeit und Sexualität aufgrund eines eleganten, eng anliegenden, goldenen Kleides betont. Im Bereich ihres Solarplexus' spiegelt sie die irdische Welt wider. Diese weibliche Person erscheint als Zeichen ihrer Unbeirrbarkeit wie festgewachsen, gleich einer Statue.

So zeigt sie nicht nur das Irdische, sondern mittels des kosmischen Lichts auf ihrer Stirn auch das Hochgeistige auf. Karmische Fäden, die alles umschließen und alles verbinden, erwachsen aus ihrer goldenen, schweren Haube. Der goldene, wertvolle und im kosmischen Licht glänzende Helm wird in dreifacher Form dargestellt als Sinnbild für Körper, Seele und Geist. Er symbolisiert unbegrenzte Macht und Stärke.

Sie ist für sämtliche Bereiche zuständig und befindet sich auf einer Anhöhe in einer Landschaft, in der wir im Hintergrund einen Wasserfall sowie Berge und im Vordergrund Feuer erkennen können. Sie personifiziert die Macht über die fünf Elemente: Raum, Feuer, Erde, Wasser und Luft.

In ihrer Herzgegend trägt die Person einen rötlichen, lichtvollen Stein, der warme, weibliche und mütterliche Energie versinnbildlicht. Die sie vertrauensvoll umgebenden Leoparden, die sowohl von vorne als auch von hinten dargestellt sind, spiegeln ihre Macht auf allen Seiten bzw. in allen Bereichen, die sie nicht missbraucht. Ihr ebenmäßiges Gesicht zeigt kaum Emotionen, sondern ruhige, freundliche Gelassenheit. Sie lässt sich nicht beeinflussen.

Der Einfluss dieser Karte hängt von Ihrer Fragestellung ab. Eine Antwort könnte zum Beispiel lauten: Es ist Karma, dass Sie dieses Tier bei sich haben, dass Sie es gefunden haben. Es ist vielleicht eine karmische, eine schicksalhafte Beziehung, die eventuell in früheren Leben entstand. Weitere, umliegende Karten könnten die Bedeutung des letzten Satzes verstärken.

Eine weitere mögliche Antwort könnte sein: Es ist Karma, dass das Tier gestorben ist. Es sollte so sein. Ziehen Sie bitte eine Lehre oder einen Sinn daraus. Ziehen Sie eventuell Zusatzkarten. Oder: Es ist Schicksal, dass das Pferd sie abgeworfen hat, es war nicht zu vermeiden. Es ist weder die Schuld des Pferdes noch Ihre. Genauso möglich ist eine Antwort wie diese: Es ist Karma, dass Sie das Tier, das Sie retten und befreien möchten, **jetzt noch nicht** bekommen oder gar nicht erlösen können ...Versuchen Sie, einen Sinn darin zu sehen.

Es geht hier um Ursachen, die auf einer anderen Ebene und zu einer anderen Zeit gesetzt wurden, und deren Folgen das Tier, um das es bei der Fragestellung geht, nun tragen muss. Tiere haben kein Karma, das dem von Menschen entspricht, sondern sie tragen teilweise Weltenkarma ab. Ein nicht menschliches Wesen, das unter Einsatz seines Lebens sein Kind verteidigt, bekommt karmisch gesehen sicherlich ein paar Pluspunkte, der Hund, der künstlich und vielleicht sogar unter Qualen aggressiv gemacht wurde und andere Geschöpfe anfällt, wird nicht unbedingt negative Konsequenzen erfahren. Vielleicht wird er eingeschläfert, was für ihn aber möglicherweise ein Segen sein dürfte.

Vorsicht! Mit den Begriffen "Schicksal" und "Karma" ist nicht "Kismet" gemeint, die volkstümliche, nonchalante, arabische Form, die dazu führen könnte, dass man nichts mehr unternimmt, um seine Ziele zu erreichen. Wir legen nicht unsere Hände in den Schoß, um uns dem Schicksal zu ergeben, sondern wir verstehen diese Karte vielmehr als Verständnishilfe.

4 Spiegelbild

Qualität: Förderung der Fähigkeit zur Eigenkritik beim Halter, Eitelkeit des Tieres

 Zwei weibliche Personen, jeweils ein exaktes Spiegelbild voneinander und ihrer unmittelbaren Umgebung, wenden sich etwas verunsichert einander zu, um sich in der jeweils anderen als Spiegelbild zu betrachten. Eine symbolisiert das Tier, um das es hier geht, die andere den Fragesteller, den Menschen.

Offensichtlich scheinen die beiden Frauen auf dem Bild niedlich und etwas eitel zu sein. Auch Tiere sind oft eitel, sie freuen sich ungemein über Komplimente, die ihre äußere Form betreffen: Eine Katze legt im Allgemeinen viel Wert auf ihr Äußeres und unterscheidet sich gern von anderen Katzen. Ein Hund trägt gern die ausgefallensten und größten Stöcke, um anderen Hunden zu imponieren, ähnlich wie wir Menschen es mit unseren Hüten oder Autos handhaben. Pferde freuen sich über besondere Decken, die ihre Ställe schmücken und sie von den anderen Pferden dort unterscheiden.

Die eigentliche Bedeutung der Karte will anzeigen, dass Ihr Tier Ihr Spiegelbild ist – und umgekehrt. Sollten Sie sich mit dem Verhalten Ihres Hundes zum Beispiel nicht einverstanden erklären, gehen Sie bitte in sich, und betrachten Sie kritisch Ihren eigenen Charakter.

Sind sie angriffslustig, wenn auch versteckt, vielleicht aggressiv oder autoaggressiv? Dann wundern Sie sich nicht über die Aggressivität Ihres Tieres. Reisen Sie gern in weit entfernte Gegenden? Begeben Sie sich bewusst oder unbewusst in Gefahren? Wundern Sie sich dann bitte nicht, dass Ihr Tier durchbrennt und in die verrücktesten Gefahren rennt! Sind Sie selbst beziehungsunfähig? Klar, dass Ihr Hund an der

Leine zieht, von Ihnen zuweilen weg möchte und alleine Spaziergänge unternimmt.

Die Beispiele könnten seitenlang fortgesetzt werden ... Doch sollte eines davon oder etwas Ähnliches auf Sie zutreffen, so ändern Sie unbedingt Ihren eigenen Charakter, so gut Sie können, bevor Sie an dem Tier herumdoktern. Arbeiten Sie bitte an sich selbst! Sie werden sehen, wie schwierig es ist, Gewohnheiten abzulegen, die andere als störend empfinden. Wenn Sie sich selbst jedoch dauerhaft geändert, "gebessert" haben, wird Ihr Tier automatisch ein anderes Verhalten zeigen als zuvor.

Keine Hundeschule, keine Tierkommunikatorin wird Ihr Tier auf vernünftige und liebevolle Weise beziehungsfähig bekommen oder ihm dauerhaft und ohne Gewalt Manieren beibringen, wenn Sie selbst ständig vor etwas auf der Flucht sind oder selbst keine Ruhe in sich finden. Wir sollten also entsprechend tolerant und großzügig mit den Macken unserer Tiere umgehen, halten sie uns doch fast immerzu einen Spiegel vor.

Uriniert eine Katze in die Ecken Ihrer Wohnung, heißt das allerdings selbstverständlich nicht, dass Sie sich ebenso verhalten. Dieses "gestörte" Verhalten Ihrer Katze weist Sie aber eventuell auf eine die Katze störende Eigenschaft von Ihnen hin. Vielleicht sind Sie selbst sehr pingelig? Dann ist es Ihre Katze unter Umständen auch. Sie wünscht sich vielleicht eine sauberere Toilette, eine andere Farbe derselben oder andere Einstreu. (Meistens ist das Urinieren in die Wohnung allerdings ein purer Hilfeschrei Ihrer Katze und würde in dem Fall nicht als Spiegel für Ihr eigenes Verhalten dienen.)

Denken Sie bitte scharf und sehr kritisch über ihr eigenes Benehmen nach, wenn Sie diese Karte ziehen.

Tiere spiegeln uns natürlich auch bezüglich unserer positiven Eigenschaften wider. Leben wir mit mehreren Tieren zusammen, so mag demnach jedes einzelne unterschiedliche Attribute, die wir aufweisen, spiegeln.

5 Familie

*Qualität: Treffen Gleichgesinnter, harmonisches Zusammen-
leben, sich wie zu Hause fühlen, Glück, Wärme, Sicherheit*

 Hier sehen wir ein Bild voll ruhiger, stiller, freund-
licher und zufriedener vier- sowie auch zweibeiniger Kin-
der, die – so scheint es – gut miteinander auskommen.
Eine junge Mutter mit freundlichem und liebevol-
lem Gesicht, die zärtlich ihre zwei vierbeinigen Kinder
umarmt, sitzt unterhalb des ihr zugewandten Vaters. Er
trägt behutsam die kleine zweibeinige Tochter auf dem
Arm. Als Zeichen für die mütterliche, weiche Emotio-
nalität, Spiritualität und Geborgenheit innerhalb dieser Familie tragen alle
eine kleine Lichtblume als drittes Auge. Als Symbol für die Sicherheit innerhalb dieser familiären Gemeinschaft befindet sich hinter der Familie
ein Geborgenheit ausstrahlendes, gemütlich aussehendes kleines Haus.

Falls Sie zum Beispiel gefragt haben, ob sich neue Tiere mit bereits
im Haushalt lebenden Wesen gut vertragen werden, ist die Antwort auf
jeden Fall positiv. Auch die Haushaltsleitung wird mit der Situation gut
klarkommen.

Falls die Frage lautete: "Wie geht es meinem gerade verstorbenen
Tier?", dann ist die Antwort auch positiv. Es befindet sich mit Gleichgesinnten im Licht, in einer Sphäre, in der es an Liebe, Licht und Wärme bekommt, was es braucht. Vielleicht wollten Sie auch wissen: "Wie
geht der neue Trainer mit meinem Pferd um?" Hier wäre die Antwort:
Das Tier ist unter Gleichrangigen und Gleichgesinnten, wird gut behandelt und fühlt sich wie zu Hause.

Liegen negative Karten neben, über oder unter diesem Bild, wird die
heile Familie bedroht. Wodurch diese genau bedroht wird, zeigen die
umliegenden Karten an.

6 Göttin

Qualität: Stärke, kosmischer Schutz, kosmische Führung, Kraft, Gerechtigkeit, Wärme, Liebe, Anbetung, Bewunderung

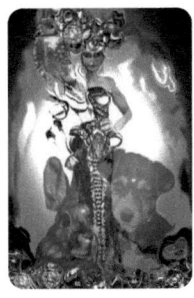 Eine starke Entität, in diesem Fall als menschliche, weibliche Gestalt dargestellt, die das Licht konstant in sich und um sich trägt, sorgt für Schutz und Kraft. Sie vermittelt Gerechtigkeit und strahlt aufgrund ihrer Weiblichkeit Emotionalität aus. Ihr Gesicht wirkt einerseits hart und stark, durch die rötlichen Wangen und tiefsinnigen Augen andererseits aber auch weich und herzlich.

Die rationale, rechte Körperseite trägt das eiserne Schutzschild eines Ritters und Kämpfers, die linke, emotionale Seite des Körpers wirkt dank der körpernahen Form des eleganten Kleides sehr weiblich, was durch die rosafarbene Aura zusätzlich betont wird. Wohin auch immer sich diese Entität bewegt, sie wandelt im Licht, das die Dunkelheit vertreibt. Die weibliche Seite wird, wie beschrieben, von einer rosafarbenen Aureole begleitet, die die Fähigkeit zu tiefer Liebe unterstreicht. Das Blau der rationalen Körperseite betont die Anerkennung der kosmischen Allmacht.

Diese Karte hat verschiedene Bedeutungen:

Es befindet sich eine Entität, die gottähnlich und allmächtig wirkt, im Umfeld des Tieres und sorgt für **Gerechtigkeit**. Das Gesetz von Ursache und Wirkung kommt zum Tragen. Hierbei muss allerdings beachtet werden, dass Tiere kein Karma abtragen, wie Menschen dies tun; es sei denn, sie reinkarnierten vom Menschen zum Tier, was sehr selten vorkommen soll. Der Hund, der unter Einsatz seines Lebens seinen menschlichen Gefährten verteidigt oder rettet, lädt allerdings sicherlich positives Karma auf sich. Wir dürfen nicht vergessen, dass Tiere niemals lügen oder betrügen in dem Sinne, wie wir Menschen dies tun. Aggressive Tiere werden nur deshalb bösartig, weil der Mensch sie dazu bewusst oder unbewusst zwingt. Boshaftigkeiten zu planen, wie wir Menschen es tun, ist der tierlichen Natur im Allgemeinen fremd.

Die Göttin schützt und bringt Licht in die Dunkelheit, die das Tier umgibt. Sie bringt Wärme und kämpft dafür, dass das Tier Liebe und Zuneigung erfährt und an den Platz geführt wird, der ihm gebührt.

Unter Umständen handelt es sich um ein entlaufenes Tier, an das der Fragesteller denkt. In dem Fall wird es dank der Ausstrahlung, der Bitten oder Gebete des Fragenden geleitet, um an einen "göttlichen" Platz zu gelangen. Der göttliche Platz kann auch das Jenseits sein. Ob Erlösung in dieser oder jener Form geboten wird, erfährt der Fragesteller aufgrund der übrigen Karten im näheren Umfeld.

Wenn Sie die Frage gestellt haben: "Was bedeute ich dem Tier?", ist die Antwort bei dieser Karte klar: Sie bringen liebevolle Konsequenz in das Leben des Tieres. Sie wirken allmächtig. Sie schützen es, öffnen Dosen, knipsen Lichtschalter ein und aus ... – alles wundersame Fertigkeiten, von denen das Tier abhängig ist. Es vergöttert Sie und Ihre alltäglichen Fähigkeiten, Ihre Gerechtigkeit, Ihre Art, mit ihm zu verfahren, auch wenn es vielleicht nicht genau versteht, warum Sie nicht die Sonne einschalten und den Regen abschalten können ...

7 Langeweile

Qualität: Schwäche, Eintönigkeit, krankmachender Zustand

 Zeit und Raum verschwinden, wirken unreal. Der Hintergrund ist in unwirklichem Rosé und Weiß gehalten, weil das Tier, in Form eines Kindes, sich wie in einem Hamsterrad abstrampelt und der Realität entfliehen möchte. Durch die weiße Kleidung wird die Sensibilität des Kindes bzw. des Tieres angezeigt.

Das Kind trägt harte, grobe, schwarze Schuhe und einen schwarzen, übergroßen Hut, um an sensiblen Stellen geschützt zu sein.

Sinnlos und dümmlich wiederholt sich wieder und wieder die gleiche Situation, die das arme Tier auf dieser Karte mit entgleisten Gesichtszügen zu meistern versucht. Das Leben des Tieres verläuft in ausgesprochen langweiligen Bahnen, weder Emotionen noch Abwechslung beleben es. Extreme Langeweile grenzt fast an Schmerzempfinden. Das Tier droht unter Umständen psychisch abzugleiten. Der unerträgliche Zustand der Eintönigkeit kann zudem zu körperlichen Krankheiten führen. Die umliegenden Karten zeigen, ob dem so ist.

Auf jeden Fall handelt es sich um eine Situation, die tunlichst geändert werden sollte, weil sie für das Tier unerträglich ist.

8 Zugehörigkeit

Qualität: harmonisches Miteinander, karmische Beziehung, Ungleichheit, Untrennbarkeit, äußere Armut, inneres Glück

 Hier begegnet uns ein Paar voller Zuneigung und Harmonie, was die gleichen Farben und der zufriedene Gesichtsausdruck beider Figuren anzeigen. Ein leichtes Lächeln umschmeichelt beide Münder, die Augen von beiden sind freundlich und offen, und beide Wesen umarmen sich. Das ältere, männlich aussehende Geschöpf hält das jüngere, weibliche und daher schutzbedürftige Wesen fest im Arm.

Das Paar auf dem Bild ist ein ungleiches Duo, männlich und weiblich sowie mit großem Altersunterschied. Dennoch strahlt das Bild tiefe Zugehörigkeit und zugleich Verständnis füreinander aus. Die beiden gehören zueinander, obwohl ihre Welt grau in grau ist, etwas trostlos wirkt und vielleicht nicht viel Luxus bietet. Das Paar ist jedoch von Licht umgeben, wird beschützt und das Feuer, als Zeichen für Liebe und eventuell Leidenschaft, trennt sie von der übrigen Welt ab. Die beiden Wesen sind sich Luxus genug füreinander.

Es kann sich hier um einen Menschen und ein Tier handeln, um die es bei der Fragestellung geht, oder um zwei oder mehrere Tiere, die eventuell unterschiedlichen Gattungen angehören.

9 Assimilierung

Qualität: Anpassungsschwierigkeiten, guter Wille, hoher Energieaufwand, Hilflosigkeit, Alleingelassensein, völlige Überforderung

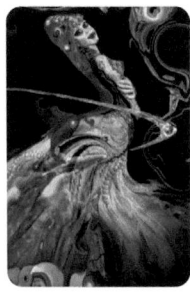 Eine weibliche Gestalt symbolisiert das Tier, um das es geht. Dieses hat Mühe, sich an eine ihm fremde Situation, an fremde Menschen oder Tiere oder an eine fremde Umgebung anzupassen. Es muss sich geradezu verdrehen, verrenken, verstellen und trifft dennoch auf wenig Hilfe, denn der dunkle Hintergrund der Karte zeigt keine Hoffnung an. Die dieses Bild umgebenden positiven Karten könnten eventuell, je nachdem wie nah sie liegen, auf Hilfe hindeuten.

Es scheint sich um ein körperlich und psychisch relativ starkes Tier zu handeln, denn der Gesichtsausdruck ist trotz aller Schwierigkeiten, sich anzugleichen, relativ entspannt. Es ist immerhin noch in der Lage, eine gezwungen gute "Figur" zu machen, setzt sich eine scheinbar nette, aber bleiche und ermattete Maske auf, lächelt gezwungen und gibt sich alle Mühe, um zu gefallen. Dafür spricht das "schöne" Gewand, dessen natürliche Farben Kraft und gleichsam Weichheit symbolisieren.

Anhand des Kleides ist auch zu erkennen, dass das ermattete Tier nicht weiß, wie es sich anzupassen hat. Es passt sich einerseits an wie ein Chamäleon, wofür die Reptilienhaut spricht, andererseits wie ein Vogel, was die Federn des Gewandes ausdrücken. Es scheint, als müsste es fliegen, obwohl ihm keine Flügel wachsen, oder als müsste es Eier legen, obwohl es dazu nicht in der Lage ist. Das dritte Auge leuchtet kaum und strahlt kein Licht aus, was ebenfalls ein Zeichen dafür ist, dass das Tier völlig erschöpft ist und nur schauspielert.

Die verschränkte Haltung der Arme verrät, dass das Tier sich vor weiteren Zumutungen schützt. Die gegenwärtige Situation, der Zwang zur Assimilierung erschöpft das Tier bereits und kann gerade noch verkraftet werden. Es verrenkt sich unmäßig und will sich eigentlich lieber im Hintergrund halten, als aufzufallen. Sollten negative Karten direkt im Umfeld liegen, wird der Versuch zur Assimilierung unter Umständen scheitern.

Der Fragende sollte in sich gehen, intuitiv mit dem Tier arbeiten und es tierkommunikatorisch befragen. Er sollte auch Zusatzkarten ziehen, wenn die umliegenden Karten nicht klar genug zu deuten sind. Zum Beispiel könnte er sich und auch die Karten fragen:

"Was kann ich tun, um dem Tier zu helfen, sich den gesellschaftlichen Normen einigermaßen anzupassen?"

"Ist der an das Tier gerichtete Wunsch überhaupt realistisch oder von meiner Seite aus völlig überzogen und überfordernd?"

"Muss es einen Beruf bewerkstelligen, den es nur meinetwegen ausübt, wie Zirkustier, Polizeihund, Rettungshund, Altenheimhund?"

"Muss es einen Sport ausüben, den es hasst, wie zum Beispiel Agility, Dogdance, muss es schwimmen, klettern, springen, wird es gegen seinen Willen geritten, muss es Turniere bestehen oder stirbt es fast vor gähnender Langeweile?"

"Muss es einen menschlichen Partner oder Kinder ertragen, die bewusst oder unbewusst schlecht mit ihm umgehen?"

"Was braucht es physisch?"

"Was braucht es psychisch?"

"Wie kann ich ihm spirituell helfen?"

10 Loslassen

Qualität: Befreiung von Dingen, Ideen, Desillusionierung,
Ehrlichkeit vor sich selbst, Eigenverantwortlichkeit, Suche
nach Verständnis und Erklärung

Lassen Sie los! Die Lösung liegt in der Lösung, im
"Loslassen". – Diese Aufforderung kann auch an das
Tier gestellt werden. Ein Tier oder sein Mensch versuchen, etwas zu halten, ein Wesen oder einen Zustand, das oder der nicht oder kaum noch vorhanden
ist und ihnen durch die Hände gleitet. Die Augen sind
blind. Sehen Sie hin! Öffnen Sie die Augen, Sie machen sich etwas vor!

Intelligenz und Intuition sind vorhanden, was das dritte erleuchtete
Auge auf der Stirn beweist. Es ist eine, wenn nicht positive Karten im
direkten Umfeld liegen, traurige Situation, der das Tier oder der Fragesteller, der eventuelle Lebensgefährte des Tieres sich stellen muss. Ist es
der Mensch, so liegt die Karte "menschlicher Gefährte" in der Nähe.

Das Tier kann sich jedoch ebenfalls Illusionen hingeben, die schädigend wirken, denn gesund und glücklich sieht das Wesen auf dem Bild
nicht aus. Versuchen Sie bitte zu ergründen, welche Illusionen es sein
könnten, und helfen Sie dem Tier behutsam, diese Seifenblasen aufzugeben und die entstandene Lücke zu füllen. Es mag beispielsweise glauben, dass eine verstorbene vier- oder zweibeinige Person in die Familie
zurückkehrt. Klären Sie es mittels mentaler Kommunikation liebevoll
auf, wie Sie es mit einem Kind tun würden. Das Tier spürt bereits, dass
die Person nicht wiederkehren wird, kann es jedoch nicht vollkommen
begreifen, weil man es ihm bisher nicht erklärt hat. Es könnte meinen,
dass im Falle einer Scheidung der Ehepartner, der auch das Tier verließ,

zurückkehrt; oder eine Tiermutter, der man das Kind nahm, glaubt, dass sie ihr "gestohlenes" Kind wiederbekommt. Genauso kann eine Lebenssituation dem Tier entgleiten. So hat vielleicht ein Wohnungswechsel stattgefunden, mit dem das Tier nicht klarkommt. Es hat ein Recht auf Erklärungen. Bitte bieten Sie ihm diese an!

11 Diebstahl

*Qualität: Tierdiebstahl, Versuch zu entkommen, schmerz-
licher Verlust*

 Hier entgleitet jemandem unmerklich etwas Wert-
volles. Es ist eine relativ düstere Karte, die nichts Gu-
tes verheißt. Es gibt kaum ein Anzeichen von Licht,
die Dunkelheit überwiegt. Eine weibliche Puppe, die
Mensch oder Tier symbolisiert, schaut entsetzt, den
Mund weit aufgerissen. Die Karte zeigt an, dass äu-
ßerste VORSICHT geboten ist.

Die Karte warnt Sie: Passen Sie bitte auf, dass Ihr Tier nicht ab-
handenkommt. Tierdiebstähle ereignen sich sowohl auf dem Land als
auch in der Stadt. Sie ereignen sich überall! Die Händler sind als Post-
männer, Kleidersammler etc. getarnt. Sie locken mit heißen Weibchen,
rolligen Katzen, mit Futter, Lockstoffen und verstecken Fallen hinter
Sträuchern oder in Kastenwagen. Die Tiermafia gibt oft Altkleidersammlungen
vor und lässt sich generell viel einfallen, um an Haustiere zu gelangen.
Fällt Ihnen ein unbekanntes Fahrzeug auf, merken Sie sich die Nummer
und beobachten Sie es. Schützen Sie Ihr Tier mit Katzengittern, Kat-
zenzäunen, Gartengehegen, achten Sie auf Ihr Pferd, auf Ihren Hund.
Lassen Sie das Wesen, für das Sie die Verantwortung tragen, nicht aus
den Augen. Ihr menschliches Kind lassen Sie schließlich auch nicht unbeaufsichtigt, ohne dass es die Regeln der entarteten menschlichen Gesellschaft kennt. Ein Freiläufer fühlt sich auch im liebevollen, "goldenen Käfig" wohl, wenn er immer wieder mentale Erklärungen für seine
Gefangenschaft erhält. Ein Leben in ausgesprochen gefühlvoller "Gefangenschaft" im geräumigen Haus des Menschen mit Zugang zum um-
zäunten Balkon oder Garten ist wesentlich erträglicher als ein jahre-
langes Leben im Tier-KZ.

Es kann auch sein, dass das Tier sich selbst langsam aus dem Staub macht. Bitte klären Sie die Ursache, falls Sie das Gefühl haben, dass dem so sein könnte, und beheben Sie den Grund.

Die Karte kann genauso anzeigen, dass dem Tier etwas oder jemand verloren geht. Entweder geschieht dies durch Diebstahl, Unfall, Krankheit oder Scheidung. Falls Ihr Partner / Ihre Partnerin das Sorgerecht für das gemeinsame Tier beantragt hat, könnte es Ihnen verloren gehen – oder Sie dem Tier.

Auf jeden Fall sollten Sie weitere Fragen stellen, um den Verlust, den diese Karte anzeigt, eindeutig abzuklären. Sie sollten sich auch die umliegenden Karten näher betrachten, um genauere Informationen zu erhalten.

12 Reise

 Hier sehen wir ein Schiff als Sinnbild für eine Reise. Das Schiff sieht etwas unwirklich, aber nicht unsicher aus, Licht jeder Couleur umgibt es.

Die umliegenden Karten zeigen an, um welche Art von Reise es sich handelt und wie die Reise für das Tier ausfallen wird. Es kann sich um eine kurze Tagesreise, eine Flug- oder Autoreise sowie um eine längere Fahrt handeln.

Die Bedeutungen dieser Karte: eine mentale Reise, eine reale Urlaubsreise mit oder ohne menschliche oder tierliche Gefährten, eine Reise in gefährliche oder bekannte und angenehme Gefilde, eine Reise, um etwas zu vollbringen (ein Turnier, einen Wettkampf ...), eine Reise ins Jenseits, also eine Reise ohne Wiederkehr.

13 Schnelligkeit

Qualität: Eile ist geboten, Auseinandersetzung mit der Zeit, alles ereignet sich schneller, als man denkt, Flexibilität ist angesagt

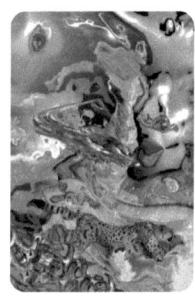 Hier rennt einem die Zeit unerbittlich davon. Sie wird dargestellt in Form einer hübschen jungen Frau in unschuldigem Kleid, mit im Wind fliegenden Haaren, weit aufgerissenen Augen und etwas gestressten Gesichtszügen. Dunkelheit und Licht stehen sich gegenüber. Das Wasser teilt sich, sie rast über grauen Steinboden, keine großen Hindernisse blockieren den Weg. Um ihren Hals schmiegt sich ein rosafarbenes Tier als Symbol für Unschuld und Hilflosigkeit; das Tier ist, so zeigt seine Mimik, anscheinend in Not.

Je nach Frage und abhängig von den umliegenden Karten bedeutet diese Spielkarte:
- Eile ist geboten.
- Es blockieren keine großen Hindernisse den Weg bei schnellem Handeln.
- Etwas geschieht schnell und in absehbarer Zeit.

14 Haus

Qualität: Auseinandersetzung mit der Wahrheit, Flexibilität, Wohnungswechsel, Falle

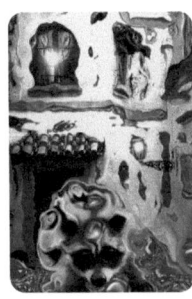 Das Haus steht als Sinnbild für etwas, das ins Haus bzw. in das Leben des Tieres kommt – seien es Nachrichten, die das Tier betreffen, Menschen oder Tiere. Irgendetwas, das neu ist, erscheint im Leben des Tieres, es kommt sozusagen ins Haus. Falls Nachrichten eintreffen sollten, mögen sie zuweilen nicht der Wahrheit entsprechen, das ist jedoch abhängig von den umliegenden Karten.

Die Karte mag auch bedeuten, dass der Fragesteller ein Hilfshäuschen (das Wort "Falle" ist mental negativ besetzt) aufstellen sollte, um einem Tier zu helfen, entweder um es zu sterilisieren im Falle von wilden Katzen oder um ein vermisstes Tier zurückzubekommen.

Das Bild "Haus" kann auch als Symbol für einen Wohnungswechsel stehen; dies ist abhängig von der Fragestellung.

15 Fremdbeeinflussung

Qualität: Dunkelheit, Feigheit, Falschheit, Verlust, Intrige, Gedankenenergien, Aufruf an den Fragesteller zur Gedankenkontrolle und positiven Ausstrahlung von lichtvollen Energien

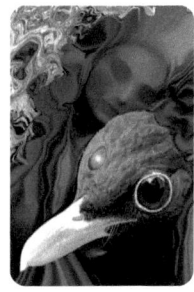 Eine unter roten Tüchern versteckte Person treibt ihr düsteres Handwerk. Sie hat anscheinend etwas zu verheimlichen. Ihr Mienenspiel, das man unter den Schleiern erahnen kann, verrät, dass sie nichts Gutes im Sinn hat. Kein wirklich deutlich zu erkennendes Licht beherrscht die Situation.

Diese Figur versinnbildlicht eine schwarze, mental verdunkelte Entität, die versucht, im negativen Sinne fremdzubeeinflussen. Hilfswerkzeuge werden symbolisiert durch eine andere dunkle Gestalt, dem Raben als Symbol für Magie. Wie viel Macht diese dunklen Gedankenkräfte auf das Tier, um das es geht, ausüben, zeigen die umliegenden Karten an. Licht vertreibt die Dunkelheit!

Fremdbeeinflussen könnten Sie eventuell unbewusst selbst, wenn Sie düstere, negative Gedanken dem Tier gegenüber aussenden. In diesem Fall kommen diese unweigerlich wie ein Bumerang auf Sie selbst zurück, denn das Tier wird es spüren, leiden und mit Verhaltensstörungen reagieren.

Fremdbeeinflussen können jedoch auch andere Personen, die bewusst oder unbewusst Gedanken, also starke Energieströme, Ihrem Tier gegenüber aussenden.

Diese Karte kann auch anzeigen, dass es professionelle "Magier" oder "Hexen" sind, die sich Ihres Tieres negativ annehmen, oder dass negative, zerstörerische Energien, wo auch immer sie herrühren mögen, versuchen, Ihrem Tier zu schaden. – Möglich wäre auch, dass man dem

Fragesteller selbst schaden möchte und, weil man zu feige ist oder nicht mächtig genug, um ihn zu erreichen, stattdessen ein ihm nahestehendes, hilfloses Tier wählt.

Auf jeden Fall sollten Sie auf das Tier achten und ihm entsprechend helfen. Es braucht offensichtlich Schutz vor Fremdbeeinflussung durch negative Gedanken. Nehmen Sie die Situation nicht auf die leichte Schulter. Schützen Sie das Tier zum Beispiel durch intensive Energiearbeit oder durch entsprechende Mantren, Gebete und Rituale.

16 Körperliche Krankheit

Qualität: Erschöpfung, Schmerz, Schrei nach spiritueller als auch irdischer Hilfe, Bitte um Fürsorglichkeit, Weisheit, und Mitleid

 Blankes Entsetzen steht in den Augen der menschlichen Person, die allerdings auch ein Tier symbolisieren kann. Die Frau schreit auf. Ihren verwirrten Blick gen Horizont gerichtet, ihre Gesichtszüge verkrampft, versucht sie ein krankes oder verletztes Tier zu tragen, ihm zu helfen. Ihr Herzchakra scheint beschädigt zu sein, da sie mit dem Tier mitleidet und ebenfalls verstört ist, ihre weiße Kleidung deutet auf Reinheit und die Ehrlichkeit ihrer Gefühle hin.

Eine geistige Energie in Form eines Engels, der wiederum in Gestalt eines kraftvollen Mannes erscheint – offen, sauber und rein, da nackt – hilft der menschlichen Gestalt, das kranke Tier zu tragen.

Licht, aber auch Dunkelheit umgeben das verletzte Wesen. Das kranke Tier liegt in den Armen beider und scheint sowohl mit der geistigen Entität als auch mit der irdischen Figur verwachsen zu sein. Das Gesicht des kranken Wesens ist starr, seine Augen blicken regungslos. Es liegt völlig ermattet und erschöpft in den Armen beider Helfer.

Hier handelt es sich um ein weibliches Puppenbild, das das Tier symbolisieren könnte. Entweder leidet das Tier sehr, weil seine Menschen erkrankt sind. Es versteht mental sinngemäß alle menschlichen Telefonate und Gespräche. Unter Umständen trägt sein Mensch sich mit dem Gedanken, es abzugeben, weil er nicht mehr für es sorgen kann. Mit all diesen Gedanken befasst sich voller Angst natürlich auch das Tier. Oder das Tier empfindet Mitleid mit seinem kranken Menschen und fühlt sich hilflos. Hilfe kommt aber von allen Seiten, sofern der Fragesteller es zulasst und darum bittet.

Wie schwer die Krankheit oder Verletzung ist, ob das Tier oder ein Mensch erkrankt ist, zeigen die umliegenden oder zusätzlich gezogenen Karten an.

17 Psychische Krankheit

Qualität: Schmerz, Furcht als Wegweiser auf dem Weg zur Reife, Hilflosigkeit, Verzweiflung, Trostlosigkeit, Schrei nach Hilfe, Aufforderung an den Fragesteller, sich mit sich selbst kritisch auseinanderzusetzen

 Diese Karte zeigt uns eine weibliche Person im Profil, deren dunkler Kopf, der für die mentale Verdunklung der Person steht, in einem Gitternetz gehalten wird. Das Gitter symbolisiert den äußeren Druck, den Zwang, die Gefangenschaft, den mentalen Einfluss, den die weibliche Person auf das Tier hat.

Am unteren Bildrand befinden sich zwei liegende Frauen, bleich, mit aufgerissenen, irren Augen und starrer Mimik, die sich gegenseitig zu halten versuchen, zwei Unterpersönlichkeiten oder zwei verschieden stark auftretende Persönlichkeitsanteile des Geschöpfes, deren Herzgegenden stark verletzt sind. Ein Eisengeflecht schnürt den Hals des Tieres ein. Heller Nebel umgibt die Gestalt. An der Wange des Wesens befindet sich ein kleiner Spiegel.

Sehen Sie bitte in sich hinein. Vielleicht erkennen Sie sich wieder? Oft spiegeln Tiere unsere Befindlichkeiten oder zumindest Anteile davon wider.

Möchten Sie Ihrem Tier helfen, so helfen Sie bitte auch sich selbst. Sehen Sie zu, dass es Ihnen gut geht, damit Ihr Tier aufblüht. Teilen Sie in diesem Fall dem Tier mit, dass es Ihre Krankheit, Ihre psychischen Defizite nicht übernehmen muss, was Tiere aus Unwissenheit oder Liebe zuweilen tun. Erklären Sie dem Tier, warum Sie leiden. Das erleichtert es dem Wesen zumindest, ein wenig mit der Situation umzugehen.

Es kann natürlich auch sein, dass ein Tier aus schlechter Haltung zu Ihnen kommt und Ihre Hilfe benötigt, weil es depressiv, hysterisch, aggressiv usw. wurde.

Was dem Tier helfen könnte, teilen die umliegenden Karten mit. Es selbst kann unter Umständen nicht mitteilen, worunter es leidet, was der Eisenring um den Hals ausdrückt, je nachdem wie sehr man ihm zugesetzt oder wie sehr eine Situation es negativ beeinflusst hat.

18 Karmische Verflechtung

Qualität: Innige oder unangenehme Verbundenheit, Gefangenschaft, Ruf nach Auflösung einer zwanghaften, verdunkelten Beziehung, Abkehr als Zeichen der Befreiung

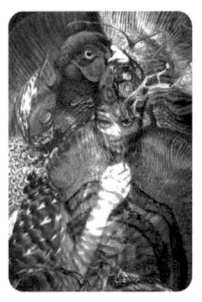 Karma, das Gesetz von Ursache und Wirkung, führt Liebende immer wieder auf verschiedenen Ebenen, zu unterschiedlichen Zeiten bzw. in verschiedenen Leben zusammen. Allerdings kann es durchaus durch Flüche oder durch Versprechungen, die man sich in früheren Zeiten gab, zu Verflechtungen kommen, die nun nicht mehr angemessen sind und mittels professioneller Hilfe aufgelöst werden sollten. Solche Zusagen können sich heute als Verhaltensstörung oder Verhaltensauffälligkeit auswirken.

Auf dem Bild sind eine weibliche Gestalt und ein sie scheinbar beschützendes Tier dargestellt. Auf den ersten Blick eine wunderschöne Beziehung. Die Person scheint ängstlich, scheint sich vor der Welt zu verstecken, während das Tier, übergroß, schön und stark, sie umgibt und beschützt. Hier steht die Puppe als Symbol für einen Menschen oder ein Tier. Der Vogel personifiziert das Tier, um das es in der Fragestellung geht. Scheinbar gibt es kein Entkommen vom manchmal geliebten und angebeteten oder zuweilen unerträglichen anderen. Man ist untrennbar miteinander verwoben und treibt gefangen durch die raumlose Zeit und den zeitlosen Raum.

Diese Karte kann die Antwort sein auf die Frage nach dem Warum bei vermeintlichen Verhaltensstörungen. Damit ist das Problem natürlich nicht gelöst. Wenn keine aufschlussreichen Karten danebenliegen, sollten Sie Zusatzkarten ziehen.

Dem unangenehmen Treiben sollte in diesem Leben möglichst ein Ende bereitet werden. Suchen Sie zum Beispiel bei Ärzten oder Psychologen, die Reinkarnationstherapie anbieten, professionelle Hilfe. Wenn Sie die geistige, negative Bindung lösen, löst sie sich automatisch auch bei Ihrem Tier, und Ihre karmische Verbindung wird heller, freundlicher und zwangfreier.

Es ist zum Beispiel möglich, dass ein Hund nur aggressiv auf andere Tiere und Menschen reagiert, wenn eine bestimmte Person eines Haushalts mit ihm spazieren geht. Bei sämtlichen anderen Menschen der Familie reagiert er fromm wie ein Lamm, wenn er draußen auf Leute oder Tiere trifft. Falls über mentale Gespräche und spirituelle Energiearbeit keine positive Veränderung im aggressiven Verhalten auftritt, kann die Person, bei der er Probleme bereitet, auf geistiger Ebene, während einer Rückführung zum Beispiel, das Ehrenwort, das einer dem anderen in einem früheren Leben gab, auflösen. Das geistige Auflösen dieses Versprechens erreicht das Tier mental und löst damit auch automatisch die Aggressivität auf.

Diese Karte kann auch eine zärtliche, offene, liebe- und vertrauensvolle Partnerschaft anzeigen. In früheren Zeiten gab man sich mental oder verbal das Versprechen, sich niemals zu verlieren, sich durch erneute Inkarnationen immer wieder zu treffen und den Weg des Lebens gemeinsam zu gehen.

Tiere nun reinkarnieren gewöhnlich schneller als Menschen. So passiert es zuweilen, wenn die Sehnsucht und die Liebe des Tieres extrem stark sind, dass Tiere uns mehrmals innerhalb unseres menschlichen Lebens als Tiere unterschiedlicher Gattungen begleiten.

Tragisch wird die Beziehung, wenn der Mensch mit aller Gewalt und mentalen Wünschen, was dieser oft Liebe nennt, dem Tier keine Wahl lässt. Er trauert so sehr und wünscht sich aus reinem Egoismus sein verstorbenes Tier zurück. So kann es schließlich wieder in seinem Leben erscheinen, wenn es an einem anderen Ort seine Lektionen auch weitaus besser gelernt hätte. Diese vertane Chance wiederum spürt es unterbewusst; es liebt seinen Halter dann zwar, aber es fühlt sich eingeengt und reagiert konsequent mit Verhaltensauffälligkeiten. Somit entsteht die oben erwähnte verdunkelte Beziehung, für die der Halter nun die Verantwortung zu tragen hat.

Ganz tragisch wird es für das Tier, wenn es aus lauter Innigkeit, tiefer Gefühlsverbundenheit und unendlicher Sehnsucht in der Nähe seines geliebten Menschen inkarniert und dieser es natürlich findet. Nun haben sich die Lebensbedingungen jedoch derart verändert oder verschlechtert, dass sich eine Beziehung zwischen den beiden Wesen nur dunkel, traurig und belastend auswirken kann.

In früheren Jahrhunderten lebten Menschen und Pferde, Esel, Hunde und Katzen in einem Stall und wärmten sich gegenseitig. Jeder nahm intensiv am Leben des anderen teil. Heute werden Pferde aufgrund unserer Lebensgewohnheiten in Ställe abgeschoben, wo sie ihren Halter nur einmal täglich für kurze Zeit sehen und erleben. Auch Katzen bekommen nicht viel von ihrem Menschen mit, wenn dieser einer geregelten Arbeit außer Haus nachgehen muss und nur ein paar Stunden pro Tag mit dem Tier verbringt.

Diese Tiere haben sich aus Sehnsucht inkarniert, um bei diesem bestimmten Menschen zu sein, damit er sie schließlich allein und einsam als Wohnungskatze ihrem Schicksal überlässt. Umliegende Karten, auch Zusatzkarten, zeigen an, ob dieser Umstand der Fall ist.

19 Wendepunkt

Qualität: Entscheidungsfähigkeit, Veränderung in vielerlei Hinsicht, Transformation

 Hier sehen wir, dass das Tier sozusagen an einer Kreuzung steht. Es wird vor eine Wahl gestellt, es bieten sich ihm verschiedene Möglichkeiten oder Richtungen, in die es gehen kann. Es ist nicht immer eine leichte Wahl, aber wie das Tier sich auch entscheiden wird, es kommen große Veränderungen auf es zu. Es gibt bildlich einen Weg im Licht, einen ins Licht und zwei, die nicht so einfach zu beschreiten sind, auf denen so manche Hürde überwunden werden muss.

Wieder steht hier die Figur eines weiblich anmutenden Wesens als Symbol für emotionales, intuitives, aber natürlich auch rationales Handeln. Sie deutet als positives Hoffnungssignal mit den Fingern beider Hände, die jeweils einen Lichtstrahl aussenden, gen Himmel.

Ein entlaufenes Tier zum Beispiel spürt oder weiß oft, dass es "eingefangen" werden soll. Wenn es die "Falle" (oder besser das "Hilfshäuschen") betritt, wird sich sein Leben von der Straße zur Wohnungshaltung hin völlig verändern. Bleibt es jedoch aus eigenem Antrieb auf der Straße, weil der Halter es vielleicht misshandelte oder weil es einen Kontaktbruch erlitt, gegen den es nicht ankommt, wird sich sein Leben ebenfalls dramatisch verwandeln.

Vielleicht erlösen wir ein Tier aus dem Tierheim oder von einer Krankheit. Vielleicht tritt eine Krankheit in das Leben des Tieres, um das sich die Karte dreht, und löst damit eine einschneidende Veränderung aus.

Die Karte "Wendepunkt" kann zum Beispiel aber auch dafür stehen, dass ein Tier sein Verhalten ändert.

20 Sänfte

Qualität: Wunsch nach beglückenden äußeren Zuständen oder die Erfüllung derselben, Zielgerichtetheit

 Wie auf einer Sänfte getragen, so fühlt sich das Tier, dem die Frage gebührt. Es wird getragen, geleitet, symbolisch auf Rosen gebettet. Es bekommt rein äußerlich, was es braucht und führt ein Dasein wie eine Prinzessin, deren Anweisungen sofort befolgt werden. Was immer es möchte, sein Wunsch wird irdischen und höheren Kräften ein Befehl sein.

Ob es auch psychisch erhält, was es braucht, sollten Sie durch weitere Fragen klären. Vielleicht stellen Sie die Frage: "Was wünscht sich das Tier?" Die Antwort ist klar. Es möchte bekommen, was es braucht, um wunderbar zu leben.

Vielleicht möchten Sie erfahren: "Wie fühlt sich meine für unser Becken viel zu große Wasserschildkröte, wenn ich sie einem Zoo gebe mit vielen Schildkröten und einem sehr großen beheizten Teich?" Die Schildkröte wird Sie nicht vermissen, sondern ein Leben in Luxus führen.

21 Träume

Qualität: Auseinandersetzung mit Illusion oder Desillusion, Qual, Betrug, Freude, Glück, Selbsttäuschung

 Eine mystische Welt tut sich auf, wunderbar einladend auf den ersten Blick. Warme Farben strömen die Wände entlang wie Feuer, Kerzen laden dazu ein, einen Gang entlangzuschreiten, der in eine unwirkliche Landschaft voller Wasser, Feuer und sich im Wind biegenden Pflanzen führt. Alle vier Elemente sind auf diesem Bild vereint.

Beim zweiten Hinsehen stellt der Betrachter fest, dass die feurige Decke eventuell einzustürzen droht und dass das Wasser ihm in einer wahren Flutwelle entgegenströmen könnte.

Die Bedeutung ergibt sich je nach Fragestellung:

• Hier werden Träume wahr!

• Ihr Tier flüchtet sich in Illusionen, weil es der grausamen Realität nicht standhalten kann. Die Vergangenheit des Tieres war traumhaft – oder aber die Zukunft wird es sein.

• Es geht dem Tier ausgesprochen gut. Es lebt wie in einem Traum, wie im Paradies. Sollte zum Beispiel die Karte "Sänfte" in direkter Nähe liegen, wird diese Aussage verstärkt.

• Vorsicht! Dem Tier wird eine Trugwelt vorgegaukelt, die nicht der Realität, der Wahrheit entspricht. (In diesem Fall sollten düstere, negative Kartenbilder in unmittelbarer Nähe liegen. Man versucht vielleicht, es anzulocken, um es zu stehlen oder zu missbrauchen.

Liegen positive Karten wie "Lichtwesen" oder "Kosmische Kraft" in der Nähe, wird solch ein negativer Versuch, dem Tier zu schaden, wahrscheinlich misslingen.)

• Träume sind Schäume! Sollte Unvorsichtigkeit im Spiel sein, wird alles, was man sich für das Tier vorgenommen hat, zerrinnen. Oder, falls der Fragesteller nach den Gedanken des Tieres fragt, wird dem Tier etwas misslingen.

Wenn eine Reise links neben der Karte liegt, geht diese eventuell in mystische Gefilde. Es kann sich entweder um eine meditative Reise handeln oder um eine reale Reise ohne Wiederkehr.

Das Tier leidet unter Alpträumen. Vielleicht schreit oder weint es während des Schlafs. Unverarbeitete Geschehnisse des täglichen Lebens oder der Vergangenheit quälen es. Zusatzkarten geben Auskunft über den Inhalt der Träume.

22 Kontaktbruch

Qualität: Schock, Furcht, Bewegungsunfähigkeit, Wirklichkeitsflucht, Schrei nach Erlösung aus einer miserablen Situation

Ein entlaufenes oder ein misshandeltes Tier erleidet durch einen Schock oft einen Kontaktbruch. Es möchte, sollte es sich verirrt haben, gern zu dem Menschen zurück, der es liebt, kommt jedoch nicht gegen seine Blockaden an.

Auf dem Bild sitzt ein "Tier" regungslos in der Natur mit skeptischem, misstrauischem und abwartendem Gesichtsausdruck. Ein weiteres Wesen symbolisiert das Tier mit einem müden Auge, erschrocken und unwissend. Ein Netz im Gesicht und am Körper zeigt seine innere, psychische Gefangenschaft an. Auch wenn ein Feuer es erreicht, wie rechts auf der Karte, so kann sich das Tier kaum von der Stelle bewegen, nicht einmal wenn es unbedingt möchte. – Von einem entlaufenen Tier zu erwarten, dass es den Kontaktbruch überwindet, wäre genauso, als würden wir von einem menschlichen Kind erwarten, dass ihm Flügel wachsen und es fliegt.

Es mag sein, dass es sich ganz in der Nähe des Ortes, aus dem es verschwunden ist, aufhält und seinen Menschen rufen hört oder ihn sieht, es kann sich jedoch kaum zu ihm hinbewegen. Dies ist eine typisch tierliche Eigenart, die wir Menschen meist nicht verstehen können, jedoch respektieren müssen.

Dieser Kontaktbruch könnte eventuell mittels professioneller Energiearbeit aufgelöst werden. Auf keinen Fall sollten Sie allerdings mehrere Menschen mit dem Problem betrauen, weil viele Köche den Brei verderben und es dem Tier ohnehin schon schlecht genug geht. Werden verschiedene Richtungen der Energiearbeit angewandt, würde dies das Tier vollends verwirren.

Falls ein Tier abhanden kam, sollten die weiteren Karten anzeigen, wie es am besten wieder einzufangen ist, wie es ihm geht und was es braucht.

23 Sensitivität

Qualität: Aufforderung an den Halter, äußerst zartfühlend mit dem Tier umzugehen, Streben nach Liebe, Wärme, Verständnis

Der Charakter des Tieres, um das es hier geht, ist weich, verspielt, fantasievoll und träumerisch. Es mag sein, dass es sich in Träume flüchtet, weil die Realität nicht auszuhalten ist.

Das Tier ist äußerst sensibel und mitfühlend, auch wenn es nicht immer so aussehen mag. Es handelt sich um ein Tier, das Sie niemals bestrafen sollten, weil eine derartige Behandlung die Verbindung zwischen Ihnen und dem Tier zerstören könnte. Bitte erklären Sie dem Tier auf mentale bzw. tierkommunikatorische Weise grundsätzlich alles, was Sie von ihm erwarten.

Dieses sensible Wesen wird es Ihnen besonders danken.

Selbst wenn es sich bei dem Tier um einen Jagdhund handeln sollte, ist das Geschöpf so mitfühlend, dass es mit Hilfe Ihrer liebevollen Erklärungen zu einem Vegetarier werden könnte. Auf jeden Fall ist es bedacht, jedes andere Geschöpf zu schonen und ihm mitfühlend zu helfen.

Wenn Sie die Frage gestellt haben: "Was kann ich tun, um dem Tier zu helfen?", sollten Sie die extreme Sensitivität des Mitgeschöpfes achten und entsprechend emphatisch, spirituell und äußerst sensibel mit ihm umgehen.

24 Trennungsangst

*Qualität: Liebe, Qual, derbe Belastung, Schmerz, Demüti-
gung, Furcht, Verarbeitung einer harten Vergangenheit, Ruf
nach Hilfe*

 Hier geht es um die Liebe einer Mutter zu ihrem
schutzbedürftigen Kind. Es kann sich auch um die Lie-
be eines Tieres einem anderen gegenüber, das hilflos ist,
handeln oder um die extreme Liebe eines Menschen
zu einem Tier, das vielleicht von ihm aufgezogen wurde. Eine ältere, weibliche Person mit völlig verkniffe-
nem Gesichtsausdruck und geschlossenen Augen ver-
schließt diese bewusst oder unbewusst, um sich ihrer
Qual nicht stellen zu müssen. Die Haare stehen ihr zu Berge. Verkrampft
umschließt sie ihr geliebtes Kind, das wiederum seine Mutter nicht loslassen möchte und sich an ihre Brust und ihren Hals klammert.

Falls Sie ein Kind von seiner Mutter und umgekehrt trennen wollen,
überlegen Sie gut, was Sie dem Tier antun. Viele Tiere leiden ein Leben
lang unter der viel zu frühen oder allgemeinen Trennung voneinander.
Stellen Sie sich vor, dass man Sie Ihres Kindes berauben würde. Ein Tier
leidet mehr und heftiger als ein Mensch, denn seine Emotionalität ist
stärker ausgebildet und seine Ablenkungsmöglichkeiten sind im Gegensatz zum Menschen, der alles Mögliche unternehmen kann, um seinem
Kummer zu entrinnen, sehr gering. Auf jeden Fall sollten Sie die Tiere
oder das Tier mental, also tierkommunikatorisch, auf die schwere Situation vorbereiten, die vor ihnen / ihm liegt oder – wenn möglich – die
Tiere um Erlaubnis fragen.

Eine andere Bedeutung der Karte: Dieses Bild zeigt enorme und quälende **Trennungsängste** an, an denen Sie tierpsychologisch und tierkom-

munikatorisch arbeiten sollten, um dem Tier zu helfen. Trennungsängste beziehen sich oft auf Tiere, die aus Tierheimen stammen oder eine harte Vergangenheit hinter sich haben. Es kann vorkommen, dass das Tier verschiedene "gute" Bezugspersonen hatte, jedoch dennoch abgegeben wurde – eine Situation, die natürlich tiefe Kerben in die Seele des Tieres schnitt. Mit viel Verständnis, Liebe, Geduld, mit Energiearbeit, vielleicht auch mittels Medikamenten können Trennungsängste behoben werden. – Licht und damit Hoffnung zeigt der Hintergrund der Karte an.

25 Beständigkeit

Qualität: Ruhe, Frieden, Schutz, Geborgenheit oder der Schrei nach all dem

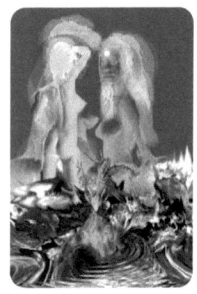 Auf dieser Karte sind Erdgeister zu sehen, die sich in einer nicht realen Umgebung befinden. Erdgeistwesen sind amoralische Entitäten, die nicht reinkarniert werden. Sie sind in der jenseitigen Sphäre vorhanden und sterben nie.

Beständigkeit ist also angesagt. Geben Sie dem Tier, um das es sich handelt, das Gefühl, dass es immer bei Ihnen oder mit einem anderen Tier zusammenbleiben kann – je nach der Fragestellung. Es braucht dringend das Gefühl der Beständigkeit, Zuverlässigkeit und Geborgenheit.

Eventuell kann die Karte auch bedeuten, dass eine negative Situation über längere Zeit oder dauerhaft anhalten wird, FALLS nichts dagegen unternommen wird.

26 Kosmische Kraft

Qualität: kosmische Liebe, Schutz, Hilfe, Aufforderung an den Tierhalter, sich intensiv der lichtvollen Energiearbeit für das Tier anzunehmen

 Eine allheilende, allliebende, allhörende, allfühlende, allintelligente und allmächtige Kraft verbindet sich mit dem Tier. Je näher diese Karte bei dem Tier liegt, um das es geht, umso geschützter ist es.

Obwohl diese kosmischen Entitäten ursprünglich weder Form oder Gestalt noch ein Gesicht aufweisen, wird eine solche Lichtenergie hier als Vertrauen erweckendes Wesen mit offenen, freundlichen, tiefsinnigen Augen und weichem Gesicht dargestellt, das den Stein der Weisen über sich trägt. Die helle Gesichtsfarbe zeigt Unschuld und eine reine Gesinnung an. Das freundliche Gesicht strahlt intensive Farben aus, die Kraft und Stärke in jeder Hinsicht andeuten.

Falls Sie die Frage: "Was bedeutet dieses Tier für mich (oder jemand anderen)?" gestellt haben, so ist die Antwort eindeutig: Das Tier trägt die Bedeutung eines Engels für Sie oder den anderen, es übernimmt Schutz und Fürsorge. Vielleicht ist es ein Wachhund oder ein Blindenhund.

Es könnte sich natürlich auch um eine Katze oder anderes Tier handeln, das für Sie inkarniert wurde, um Ihnen psychisch zu helfen, oder um Sie ans Haus zu binden, weil Sie sonst in Gefahr gerieten.

Ferner versinnbildlicht die Karte auch, je nach Fragestellung, den Prozess des Betens, der Lichtarbeit, der Energiearbeit, die unbedingt geleistet werden sollte.

27 Beobachtung

Qualität: abwarten, sich in Geduld üben, Vertrauen

 Ein weiblich anmutendes Wesen mit riesigen Augen, das ein Tier symbolisiert, liegt auf der Lauer. Beobachtend und abwartend befindet es sich scheinbar inmitten der Natur. Es wirkt zugleich interessiert sowie desinteressiert.

Die Bedeutungen der Tarotkarte: Ein Tier versteckt sich hinter etwas, weil es Angst hat. Noch ist nicht entschieden, wie es sich weiterhin verhalten wird; dies hängt von der zu beobachtenden Situation ab. Helle, leuchtende, aber auch dunklere Farben bestimmen das Bild. Die Bedeutung dieser Karte hängt in großem Maß von den umliegenden Karten ab.

Es mag sich um ein Tier handeln, das entlaufen ist und nun seine neue Situation unter die Lupe nimmt. Vielleicht erlitt es bereits einen Kontaktbruch und igelt sich ein in seine ihm ureigene Welt.

Oder es kann sich um ein Tier handeln, das von Natur aus ängstlich und skeptisch ist, das viel Liebe, Feinheit und Sensibilität braucht, um auf den Menschen oder andere Tiere zuzugehen. Diesem Tier muss extrem viel Geduld entgegengebracht werden.

Vielleicht haben Sie folgende Frage gestellt: "Wie wird sich mein Tier verhalten?" Die Antwort könnte lauten: "Bitte beobachten Sie es in Ruhe und Stille, ohne einzugreifen." Sie sollten vielleicht einfach nur "da" sein und ihm das Gefühl geben, dass es nicht allein ist. Sie sollten jedoch nicht zu sehr in sein Geschick eingreifen, sondern abwarten.

Vielleicht spielen Sie mit dem Gedanken, es abzugeben oder es einschläfern zu lassen. Tun Sie es im Moment noch nicht. Es mag sein, dass sich die Situation ändert. Handeln können Sie später immer noch.

Stellen Sie Zusatzfragen, oder schauen Sie sich die umliegenden Karten an, um mehr Klarheit zu erhalten.

28 Einsamkeit

Qualität: Qual, Trauer, grenzenloses Leid, tiefste Erkenntnis der Lebenszusammenhänge

 Hier sehen wir eine weibliche Person, die materielle Güter im Überfluss zu haben scheint. Sie trägt scheinbar eine "edle" Garderobe, zum Kleid passende Handschuhe, ein riesiges Schmuckstück liegt ihr zu Füßen.

Mit riesigen, traurigen Augen sieht sie den Betrachter an, die herunterhängenden Mundwinkel zeigen ihre Unzufriedenheit an. Ein drittes Auge wölbt sich übergroß auf ihrer Stirn, es scheint jedoch vor lauter Melancholie oder gar Depression geschlossen zu sein, nichts strahlt aus ihm heraus. Das Licht bleibt unter Verschluss – mit anderen Worten: Das Tier hat seine Intuition verloren.

Verloren und einsam fühlt es sich inmitten von allem, was man für es gekauft oder getan hat. Es braucht dringend Gesellschaft. Ob dies die Gesellschaft des Fragestellers ist, die einer anderen Person oder anderer Tiere, das zeigen weitere Karten an. Diese weisen auch darauf hin, ob das Tier durch seine Lebenssituation bereits psychischen oder körperlichen Schaden erlitten hat.

Vielleicht handelt es sich um ein Haustier, das alleine gehalten wird oder keinen Kontakt zu anderen Tiere oder Menschen erfährt. Oft leiden auch Katzen, die mit vielen anderen zusammen gehalten und abgelehnt werden, unter extremer Einsamkeit.

Eventuell muss hier ein Hund viel zu lange alleine und ohne Beschäftigung zu Hause bleiben. Nicht vergessen sollte man auch die armseligen Tiere, die in Käfigen zu Hause sind, wie Hamster, Meerschweinchen, Kaninchen oder Vögel. Vielleicht dreht es sich hier auch um ein Pferd, das eine wunderbare Bestallung mit bestem Futter und Klimaanlage, möglichst in Einzelhaft, genießt, hervorragende Tierärzte und TierkommunikatorInnen begrüßen darf, aber nur ab und an und immer viel zu selten einen Reiter oder "Besitzer" sieht und vielleicht zudem noch Erfolge erzielen muss.

Jedenfalls braucht dieses Tier äußerst dringend einen Helfer, der es aus seiner extrem misslichen Lage befreit.

29 Eisige Verbindung

Qualität: Wandlung und Transformation, Bewusstwerdung, Trennung, Machtstreben, kristallisierende Vertiefung der Wirklichkeit, Widerstand gegen die Außenwelt

 Erstarrte, etwas verbitterte Gesichter, deren Augen Traurigkeit anzeigen: Hier finden wir ein Paar vor, das sich in seiner grauweißen, eisig anmutenden Kleidung ähnelt. Sie wendet ihm den Rücken zu und starrt bekümmert ins Leere, während er sie melancholisch anschaut, so als bedaure er, dass er dabei ist, sie zu verlieren. Ihr Helm aus Eis lässt die Situation noch kühler erscheinen. Sie versucht dennoch, ein Lächeln zu erzwingen.

Rein äußerlich wirken beide sehr harmonisch, aber die Beziehung kränkelt. Man leidet, versucht jedoch, gefasst zu wirken. Ein wenig Licht lässt vermuten, dass das Eis schmilzt und die Verbindung der beiden Wesenheiten weicher, wärmer, beglückter oder befriedigender wird.

Frau und Mann symbolisieren Mensch und Tier oder zwei Tiere, die in einer Verbindung zueinander stehen.

Sollte Ihre Frage gelautet haben: "Wie fühlt sich das Tier in der neuen Familie?", so ist die Antwort sicherlich, dass es sich dort nicht gut aufgenommen fühlt.

"Wie geht es dem Hund während der Hundepolizeiausbildung?" Die Antwort lautet: "Er sehnt sich nach etwas Besserem und für ihn Passendem."

Die umliegenden Karten zeigen an, ob es dem Tier in Zukunft besser gehen wird, ob es die Situation meistert, sich später anpasst und dann zufriedener fühlt.

30 Ernährung

Qualität: bewusste Lebensführung, Genuss, Triebhaftigkeit, Steigerung der Lebensqualität

 Tiere haben meist nicht so viel Abwechslung wie wir Menschen und verfügen über weitaus weniger Möglichkeiten, sich die Zeit zu vertreiben. Oft sind die menschlichen Bezugspersonen und das Fressen die einzige Abwechslung. Deshalb steht der Ernährung im Leben des Tieres ein besonderer Platz zu.

Diese Karte gibt nur zusammen mit den umliegenden Karten Aufschluss.

Wenn Sie fragen, ob Ihr Tier sein Fressen mag, und Sie ziehen die Karten "Krankheit, "Eisige Verbindung" oder zum Beispiel "Abwehr", dann wird deutlich, dass es sogar psychisch oder körperlich erkranken könnte und sein Fressen ablehnt, obwohl es den Fraß frisst. Was sonst soll es tun, wenn ihm kaum oder nichts anderes angeboten wird?

Tiere lieben Abwechslung, ähnlich wie wir Menschen auch. Fragen Sie bitte einzelne Lebensmittel ab, vielleicht überprüfen Sie die Antworten auch per mentaler Kommunikation mit Ihrem Tier. Es ist möglich, dass dem Tier Vitamine und Mineralien fehlen, wenn die Karte zusammen mit "Einsamkeit" (es fehlt etwas ...) gezogen wird. Lassen Sie das bitte medizinisch überprüfen.

Es gibt Halter, die ihrem Tier nur nach bestandenen Prüfungen Nahrung anbieten. Wann immer das Tier fressen möchte, muss es etwas dafür tun. So grausam erzwingen sie die Nähe zum Tier bzw. die Liebe des Tieres zu ihnen, ohne zu bemerken, dass sie sich selbst betrügen. Viele noch immer mittelalterlich gesinnte Hundeschulen empfehlen sogar solch ein Verhalten. Überprüfen Sie bitte kritisch Ihre "Erziehungsmethoden"!

Tiere spüren viel deutlicher als wir Menschen, was ihr Körper benötigt, um gesund zu bleiben. Wünscht es sich Saures, Süßes oder Stinkendes? Möchte es Herzhaftes, Blutiges oder Labbriges? Hinterfragen Sie dies möglichst mental oder mittels der Karten (ausnahmsweise in Form von "Ja"- und "Nein"-Fragen), und verabreichen Sie die Nahrung in angemessenen Mengen. Ein gesunder Geist wohnt in einem gesunden Körper. Wenn die Psyche unserer Tiere zufrieden ist, ist es meist auch ihr Körper.

31 Freude

Qualität: Hingabe an den Augenblick, Kreativität, Unbeschwertheit, Erfüllung, Harmonie, Glück, Selbstvertrauen

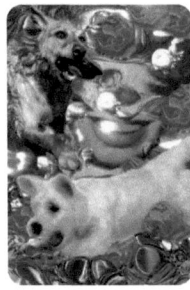

Spaß und Begeisterung stehen hier im Mittelpunkt. Ungetrübte Freude erstrahlt aus dem lachenden Gesicht, dessen obere Gesichtshälfte durch bunte Farben, Ballons, Energiekugeln, blütenähnliche Gebilde und kleine Spaßgeister, die ihr Unwesen treiben, verdeckt wird. Die kleinen, hellen Gebilde mit lustigen Gesichtern treiben anscheinend Schabernack und scheinen das Tier zu beeinflussen.

Vielleicht freut sich die Katze, weil Sie ihr ein Gehege gebaut haben und sie nun an die frische Luft kann. Oder das Pferd ist darüber erfreut, dass sein Mensch einmal wieder im Stall oder auf der Weide erscheint. Vielleicht spielt ihr Hund gern mit anderen Tieren, oder ein Tier gleitet nun in ein neues Leben voller Glücksgefühle.

32 Goldener Käfig

*Qualität: Rückzug aus dem Leben, spirituelle Bewusstwer-
dung, Lebensernst, schmerzhafter Freiheitsentzug, Einsamkeit, Verlust*

Das Mädchen auf dem Bild blickt recht starr, wirkt
aber auch neugierig – sie wird immerhin von der Sonne angestrahlt. Die Gitter werden sowohl durch ro-
senähnliche Muster in Vertrauen erweckenden Farben
versinnbildlicht als auch durch goldene Stäbe und
Edelsteingebilde.

Hier ist eher ein realer Freiheitsentzug als psychische
Gefangenschaft gemeint. Liegen die Karten "Psychische Krankheit" oder
"Grausame Vergangenheit" unmittelbar in der Nähe voneinander, geht
die psychische mit der realen Gefangenschaft einher. Liegt jedoch die
Karte "Freude" in der Nähe, so deutet diese "Gefangenschaft" eher einen Arrest im "Goldenen Käfig" an, der eventuell auch als Schutz zu
verstehen ist; Gefangenschaft ist dabei allerdings natürlich nie ein glor-
reicher Begriff oder ein glanzvoller Zustand.

Es mag jedoch Situationen geben, in denen das Tier unser Verhalten ihm gegenüber als Freiheitsentzug betrachtet, wir, die wir die Verantwortung tragen, es jedoch einsperren müssen. Es mag sein, dass gefährliche Tiere in der Nähe Hunger leiden und das Tier, um das es
hier geht, fressen würden. Es könnte sein, dass Tierquäler oder Ver-
suchstierhändler sich in der Nähe des Tieres herumtreiben – und in einem goldenen Käfig ist das Tier immerhin viel besser aufgehoben als
im Versuchslabor.

Achten Sie auf die umliegenden Karten. Liegt die Karte "Einsamkeit"
daneben, müssen Sie natürlich etwas an der Situation ändern, denn auch

im goldenen Käfig sollte das Tier alles erhalten, was es braucht, sofern dies möglich ist. Die Karten "Sänfte" oder "Kosmische Kraft" würden in diesem Fall in der Nähe liegen.

33 Mut

Qualität: Kraft, Gerechtigkeit, Struktur, Sieg über sich selbst, Selbstüberschätzung, Scheitern an Hindernissen

 Diese Karte ist mit der Karte "Stärke" nicht zu vergleichen. Hier handelt es sich eher um ein bloßes Getue, um das Vorgeben von Kraft oder Mut. Die weiblich aussehende Puppe im Hintergrund, die das Tier symbolisiert, ist bleich vor Angst. Lieber möchte sie fliehen als vorpreschen, doch die Barrieren scheinen unüberwindbar.

Wenn sie wüsste, wie viel Kraft sie besitzt, wenn ihr nur bewusst wäre, wie stark sie ist, würde sie sich wehren, würde sie die ihr in den Weg gelegten Hindernisse leicht überwinden. – Es wird unter Umständen viel Mut benötigt.

Sollte das Tier, um das es hier geht, sich wie ein tobender Stier aufführen, wird es verschiedene Gründe dafür geben: Es tobt, weil es seine Macht und Kraft erproben möchte; vielleicht ist es noch jung.

Sollte die Karte "Aggressivität" in unmittelbarer Nähe liegen, bekommt die Karte "Mut" eine andere, negative Dimension. Die Ursachen sollten Sie erforschen. Kein Tier ist nur aus Spaß an der Freude aggressiv, es beabsichtigt nicht, den Menschen bewusst zu ärgern – was viele Menschen tatsächlich annehmen, weil sie projizieren. Oft wird einem Hund, einem Pferd oder einem Kamel Dominanzverhalten unterstellt, wenn es versucht, seinen Willen mit Kraft oder Aggressivität durchzusetzen. Meist steckt aber nicht nur psychischer, sondern auch körperlicher Schmerz dahinter. Zusatzkarten oder umliegende Karten werden die Situation verdeutlichen.

Es ist möglich, dass ein kleiner Hund seine Größe mit Kraftgehabe oder Bellerei ausgleichen möchte. Vielleicht will das Tier sich selbst Mut machen, weil ihm die Situation aus seiner Sicht ungeheuerlich erscheint. Die Karte "Mut" steht auch für Angeberei und Herrschertum. Innerhalb einer Tiermeute wird oft das Alphatier – aufgrund von Imponiergehabe – ausgewählt. Welche Katze uriniert am besten in die Ecken des Hauses? Welcher Vogel sieht am farbenprächtigsten aus? Welcher Hund verteidigt seinen Stock, sein Revier, sein Weibchen oder seinen menschlichen Lebenspartner am besten?

Liegen die Karten "Freude" oder "Wechsel" in der Nähe, sind die Schaukämpfe als harmlos zu bewerten und schnell vorbei. Trotzdem lohnt es sich für Sie oder den Halter aufzupassen, denn oft können aufgrund von Missverständnissen die kleinen Kämpfchen in aggressive Streitereien ausarten.

Unterstützen Sie Ihr Tier, wenn es *Mut* benötigt. Loben Sie es ohne Ende, wenn es die Mutprobe erfolgreich bestanden hat. Für eine Katze ist es wirklich aufregend und als Mutprobe zu bezeichnen, wenn sie ein fremdes Tier, das sie bisher nicht kannte, zum Beispiel einen Hund, in ihre Wohnung, in ihr Revier lässt. Es bedeutet Mut, wenn eine Elster zum Beispiel einen Jäger angreift, weil er ihren Partner getötet hat, oder wenn eine Katze einen Hund anfällt, weil der an ihre Jungen will. Es kostet viel Mut, wenn ein Pferd über Hürden springen muss, die es in der freien Natur nie überwinden würde.

Mut braucht ein Tier immer dann, wenn es Angst verspürt. Der Fragesteller sollte sich gut überlegen, ob er sein Tier einer solchen quälenden Situation aussetzt oder wie er dem Tier helfen könnte.

Befragen Sie die Situation bitte tiefer gehend, schauen Sie genau hin. Es kann ungemein viele Gründe geben, warum ein Tier sich bullig, mächtig und wild zur Schau stellt und die Anweisungen eines Menschen nicht befolgen möchte.

Überprüfen Sie bitte auch kritisch Ihr eigenes Gehabe. Vielleicht spiegelt Ihr Tier Sie?

34 Metamorphose

Qualität: Hingabe und Vereinigung der Gegensätze, Ent-
scheidungsschwäche, beherzte Entscheidungen, Selbstauf-
gabe, Transformation

 Diese Karte zeigt abstrakt anmutende Gebilde, die
sich stetig verändern. Keiner ist in der Lage vorher-
zusagen, in welche Richtung die Gebilde verlaufen
oder welche Formen sie annehmen werden. "Das Auge
Gottes" im weißen Feld versinnbildlicht Schicksals-
mächte, Energieströme, die wir nicht vorherzusehen
in der Lage sind. Alles ist in Auflösung begriffen, es
verzieht und verzerrt sich.
Es entsteht etwas Unvorhergesehenes, was wundervoll ausgehen kann
– oder eben nicht sehr beeindruckend; das zeigen die umliegenden Karten an.

Warten Sie geduldig die Entwicklung ab, sehen Sie dem entgegen,
was das Schicksal mit Ihrem Tier vorhat. Es kommen auf jeden Fall völlig unerwartete Dinge oder Situationen auf das Tier zu, um das es bei
der Fragestellung geht.

35 Mutterliebe

Qualität: Mutterschaft, Hingabe, Liebe, Selbstaufopferung, Verschmelzung, Wachstum, Sinnlichkeit, Geborgenheit, Aufforderung an den Tierhalter: kosmisches Liebeslicht ausstrahlen und in persönliche, bedingungslose Liebe zum Tier wandeln

 Hier sehen wir eine "schöne" Frau, die die Emotionen symbolisiert. Sie wirkt, als wäre sie aus einer Blume gewachsen. Rötliche Knospen und Blüten zieren ihren Kopf, und ihre Kleidung sieht aus, als sei sie aus organischen Blütenteilen gestaltet. Ihre Augen blicken Vertrauen erweckend und weich, ihr halb geöffneter Mund zeigt an, dass sie ein Kind, das in ihre Arme geschmiegt auf ihrem Schoß sitzt, tröstet.

Es handelt sich um ein männliches Kind, das die Ratio versinnbildlicht. Es ist in Rosen gebettet und halbnackt, also schutzlos. Hilflos und völlig verängstigt schaut es in den tosenden Himmel einer Fantasielandschaft. Die weiche, mütterlich wirkende Frau vermittelt dem Kind so viel Teilnahme, Innigkeit und Liebe, wofür die roten Rosenblätter als Symbol stehen, dass diese Herzenswärme sein rationales Wesen öffnet und sein Herz in Form einer roten Rose erblüht.

So siegt in diesem Bild das Gefühl über den Verstand. Mittels emotionalen Handelns wird eine Vereinigung beider Gehirnhälften, der emotionalen und der rationalen, erreicht. Eine Harmonisierung des gesamten Wesens hat stattgefunden.

So süßlich und etwas kitschig wie das gesamte Kartenbild anmutet, so stark, mächtig und äußerst lebenserhaltend lautet die Botschaft dieses Bildes: **Lassen Sie Liebe walten!** Das Tier braucht Liebe! Damit ist echte Liebe gemeint, nicht das, was wir Menschen inflationär als solche bezeichnen. Es ist ein Gefühl gemeint, das wir aus tiefstem Herzen dem Tier senden sollten. Es ist eine Empfindung, die bereit ist, große Opfer zu bringen, uns von der Gesellschaft verlachen zu lassen, ein Sentiment, das uns im wahrsten Sinne des Wortes unsere Herzgegend erwärmt.

Helfen Sie dem Tier, verbessern Sie seine Lebensqualität, indem Sie es in bedingungsloser Liebe, in Verständnis, in Schutz, Respekt und Würde baden. Achten Sie seine Gefühle, falls das Tier solche für ein anderes Wesen nährt.

Erfährt es von Ihnen bedingungslose Liebe, obwohl es vielleicht objektiv oder nur in Ihren Augen ungestüm, wild, eifersüchtig, beziehungsunfähig, aggressiv, haltlos und unrein ist oder Sie es hässlich finden, wird sich vieles wandeln.

Die Crux an der Geschichte ist allerdings, dass Sie das Tier unter Umständen nur in Liebesgefühlen baden, weil sie sein Verhalten verbessern möchten, weil Sie eben doch Bedingungen stellen. Diese müssen Sie jedoch gänzlich ausschließen, denn sonst handelt es sich nicht mehr um bedingungslose, reine Liebe. So etwas spürt ein Mensch unbewusst, ein Tier jedoch ganz bewusst.

Seine von Menschenhand verdunkelte Psyche wird langsam aufleuchten. Vielleicht wird das Geschöpf noch ein paar Mal provozieren, um zu erfahren, ob Ihre Zuneigungsbezeugung tatsächlich ernst gemeint ist, dann wird es jedoch weich werden und Ihnen all die Liebe in potenzierter Form zurückgeben, die es von Ihnen erhielt. Sein zuvor nicht geschätztes äußeres Erscheinungsbild wird dank seiner wunderbaren Ausstrahlung in Ihren Augen wunderschön werden. Allerdings werden Sie nur in der Lage sein, dies zu erkennen, wenn Sie selbst zur Liebe fähig sind. Die meisten Menschen sind es im Gegensatz zum Tier leider nicht. Liebesfähigkeit kann man jedoch erlernen.

Die Karte "Mutterliebe" bedeutet auch, dass Sie nicht, wie oben beschrieben, NUR Ihre eigene, menschliche Liebe ins Spiel bringen, sondern kosmische, unpersönliche, allheilende, allhörende, allweise, allin-

telligente und allfühlende Liebe, die höchste Kraft des Universums. Diese senden Sie dem Tier in Form einer Meditation oder in Form von
Energiearbeit. Ob diese Deutung auf Sie zutrifft, zeigen die umliegenden Karten an. Liegt zum Beispiel die Karte "Göttin", oder "kosmische
Kraft" in unmittelbarer Nähe, wird aufgezeigt, dass das Tier mehr als
persönliche Liebe braucht, dass es vielmehr Energiearbeit, Liebeslicht,
also kosmische, unpersönliche Liebe benötigt.

Natürlich weist die Karte auch auf zwei Tiere hin, die sich bedingungslos lieben. Vielleicht handelt es sich um Mutter und Kind, vielleicht auch um Tiere unterschiedlicher Gattungen, bei denen das eine
dem anderen Schutz und Hilfe gewährt.

36 Seelenverwandtschaft

Qualität: *geführt werden, berührt werden von den inneren Quellen, starke Zuneigung, innige Verbindung, Eifersucht, Mangel, Entsetzen, Empörung, Auflösung von Zwängen*

 Hier sehen wir zwei weibliche Personen, die aufgrund ihrer ähnlichen Gesichtszüge wie Zwillinge wirken. Beide wirken sehr erstaunt und entrüstet. Ihre schillernde, rotgoldene Kopfbekleidung scheint ineinanderzufließen. Wir sehen eine Körperbekleidung, die wie Schuppen oder Drachenzacken wirkt, und die beide einrahmt. Die Kleidung der linken Person besitzt keine Zacken; sie könnte als Bauch und die rechte Person als Rücken eines Drachens gelten. Zusammen sind sie ein Tier, ein Wesen, zusammen sind sie stark. Es sind zwei Seelen, die zueinander gehören, die sich sehr ähneln und einander dennoch ergänzen!

Die Bedeutungen dieser Karte, die sich nicht unbedingt gegenseitig ausschließen müssen: Entweder verbindet einen Mensch und ein Tier oder zwei Tiere eine starke Zuneigung, eine besondere Art von Liebe, eine Seelenverwandtschaft, die Sie pflegen sollten. Eine Seelenverwandtschaft kann wertvoller sein als jede Körperverwandtschaft, weil man sie sich aussucht und nicht, wie etwa bei der familiären Verwandtschaft, gezwungen ist, diese zu akzeptieren und miteinander auszukommen. Seelenverwandte Kreaturen oder Dualseelen kennen sich vielleicht aus anderen Leben, sie verstehen sich jedenfalls ohne viele Worte und sollten glücklich sein, sich getroffen zu haben und ihre Beziehung pflegen.

Diese Form der Liebe ist, wie jede andere Verbindung, die mit liebevollen Gefühlen einhergeht, jedoch nicht immer gefeit vor emotionalen Problemen. Rot ist die Farbe der Liebe, der Lust, der Leidenschaft, aber auch die Farbe der Eifersucht. – Das Tier, um das es geht, ist zu

Recht entrüstet und schockiert. Bitte ziehen Sie weitere Karten, um den Grund zu erfragen, wenn die umliegenden Karten keinen Aufschluss darüber geben.

Bitte überprüfen Sie, ob Sie Ihr Tier psychisch überfordern, ob Sie eventuell andere Tiere bevorzugen oder ob Ihr Verhalten zumindest für das Tier den Anschein erweckt.

Solange wir Menschen noch immer nicht begriffen haben, das Tiere Wesen sind mit äußerst vielschichtigen Gedankengängen, hoher Intelligenz und extrem komplexen Gefühlsregungen, an denen wir uns ein Beispiel nehmen dürfen, gehen wir mit ihnen um, als wären sie unsere Sklaven. Sie sind zwar anders als wir, so wie jede menschliche Gattung ebenfalls sowohl große kulturelle als auch physische Unterschiede aufweist, aber sie sind nicht weniger wert. Ihre Würde ist unantastbar. Wir sollten nach der Maxime handeln: Was du nicht willst, das man dir tut, das füg auch keinem anderen zu.

Überlegen Sie bitte, ob Sie vielleicht einem jungen, niedlichen, tapsigen Tier den Vorzug geben. Oft bedenken Menschen nicht, wie sehr sie dem älteren, nicht so drolligen Geschöpf in einer Familie wehtun, indem sie dem kleinen Kerlchen alles zustecken, mit ihm schmusen, ihm Komplimente machen, es zulassen, dass Besucher sich ebenso vernarrt zeigen wie Sie – während das ältere Tier still leidet. Dadurch kann es zu argen Verhaltensstörungen kommen, wenn das Tier sich erst Gehör verschaffen muss, indem es zum Beispiel unrein oder aggressiv wird. Wenn Sie nicht mental mit Ihren Tieren kommunizieren, sollten Sie bitte wenigstens sensibel und gerecht mit ihm umgehen.

Vielleicht nahmen Sie ein verletztes, hilfsbedürftiges Tier von der Straße mit nach Hause zu einem schon vorhandenen Tier. Sie pflegten und umhegten es, ohne sich im Klaren darüber zu sein, dass Sie das "alte" Tier übergingen. Fragen Sie es um Rat, wenn Sie können, beziehen Sie es ein in die Pflege und gestehen Sie dem "alten" Tier zu zu entscheiden, ob das "neue" bleiben darf. Nehmen Sie das "neue" nur mit in Ihr Bett, wenn das andere Tier damit einverstanden ist.

Stellen Sie sich vor, Ihr Lebenspartner oder Ihre Lebenspartnerin bringt plötzlich, ohne Sie zu informieren, eine andere Person mit nach Hause, die Aufmerksamkeiten erhält, Ihr Haus als ihres betrachtet, an Ihre Sachen geht, diese benutzt und vielleicht sogar versucht, Sie zu verdrängen! Einem Tier ergeht es noch viel schlimmer, als es Ihnen dabei ergehen würde, denn es empfindet viel tiefer. Es besitzt fast nichts als seine Liebe zu Ihnen, das Vertrauen, was es Ihnen schenkte, es hegte die Illusion, in Ihrem Leben immer wichtig zu sein, vielleicht die Nummer "eins". Viel Abwechslung bietet einem Tier das Leben in unseren Ställen und Wohnungen kaum, es hat nicht einmal die Möglichkeit, eine andere vier- oder zweibeinige Person anzurufen und sich den Kummer von der Seele zu reden ...

Vielleicht bringen Sie auch einen neuen menschlichen Partner mit ins Leben Ihres Tieres, der sich nicht mit ihm versteht, der aufgrund eigener psychischer Probleme auf das Tier eifersüchtig ist und somit auch die Eifersucht des Tieres fördert. Helfen Sie Ihrem Tier. Hat der Mensch, dem viel mehr Möglichkeiten offenstehen als dem Tier, kein Einhalten und Einsehen, trennen Sie sich von ihm. Das Tier ist hilflos, abhängig von Ihnen – und es ist treu! Es hat sich noch nie gelohnt, sich wegen eines Menschen von einem Tier zu trennen (verlangt er so etwas von Ihnen, ist sein Charakter ohnehin eher fragwürdig), und es gibt unzählige Fälle, in denen Menschen es ihr Leben lang bereuten, ein Tier abgegeben zu haben. Auch wenn Sie es in "gute Hände" geben, wird das Tier unter Umständen tiefe seelische Narben erleiden.

Auf jeden Fall deutet diese Karte auf eine wunderbare, wertvolle Beziehung seelenverwandter Kreaturen hin, wenn nur positive Karten im Umfeld liegen, wie zum Beispiel "Stille", "Zärtlichkeit", "Unantastbarkeit", "Beständigkeit"...
Finden Sie dagegen Karten wie "Trauer", "Unterdrückung", "Sodomie" und ähnliche in unmittelbarer Nähe vor, hinterfragen Sie bitte die Situation ehrlich und selbstkritisch. Nehmen Sie sich in dem Fall bitte

des Tieres an, entschuldigen Sie sich für Ihr eventuell unbedachtes Verhalten und ändern Sie es schleunigst, bevor Schlimmeres passiert.

Um welche Situation es sich bei dieser eigentlich wertvollen Karte handelt, ob es sich um Empörung, Eifersucht oder Entsetzen zwischen Mensch und Tier oder zwei Tieren handelt oder um absolute Gleichartigkeit, zeigen die umliegenden Karten.

37 Stille

Qualität: staunende Offenheit, unbewusste Suche nach dem innersten Kern, Erfüllung, Frieden, Harmonie, Aufstieg zum kosmischen Licht, Versöhnung mit den Schattenseiten des Lebens, kosmische Vereinigung

 Ein Kind mit türkiser Gesichtsfarbe, geschlossenen Augen und geöffnetem dritten Auge in Form einer Flamme, die spielerisch um seinen Kopf kreist, hält mit dem Zeigefinger den gespitzten Mund zu als Aufforderung: "Pst, sei still, höre zu, gehe in dich!"

Die Bedeutungen der Spielkarte: Eine große und alte Seele, die vielleicht in einem kleinen, jungen, tierlichen Körper inkarniert wurde, gibt sich der Stille hin. Sie meditiert eher, als dass sie träumt. Sie neigt dazu, sich unbewusst oder bewusst mit der kosmischen Allmacht zu verbinden, was viele Tiere, nicht nur Haustiere, sondern auch Wildtiere und so genannte Schlachttiere, tun. Besonders Tiere, die mit spirituellen Menschen leben, klinken sich oft gern in deren Meditationen ein.

Viele Tiere sind spirituell fortgeschrittener als Menschen, denn sie haben sich aufgrund der unzähligen Reinkarnationen noch nicht so weit vom kosmischen Urquell entfernt wie Menschen. Tiere sehen immer die Aura, anders als Menschen, die diese Fähigkeit oft unterdrücken. Tiere zapfen grundsätzlich das Quantenhologramm an: Sie kennen meist unsere Probleme, seien sie psychischer oder körperlicher Art. Sie kennen, wenn sie es wünschen, unseren Charakter und unsere Absichten. Sie wissen oder ahnen viele Dinge im Voraus, die uns als Lebenspartner der Tiere betreffen, sie wissen wann und ob Naturkatastrophen eintreffen und warnen uns Menschen davor. Sie besitzen den "siebten Sinn"!

Ein solch meditatives, äußerst sensitives Wesen, das Stille, Ruhe, Frieden, Liebe und Freude in Ihr Leben bringt, finden wir hier vor – versinnbildlicht als kleiner "Krishna" (laut der Lehre des Vishnuismus versinnbildlicht "Krishna" die höchste Verkörperung Gottes).

Sollten Sie gefragt haben, was sich Ihr Tier wünscht, so bedeutet die Karte, dass das Tier mehr Stille, Ruhe, Frieden und Freude braucht. Es würde sich zarte, leise Musik wünschen und wäre über geistige Liebeslichtarbeit unter Umständen sehr erfreut.

38 Trauer

*Qualität: Schrei nach Liebe, Erklärung und Fürsorge, Qual,
Verlust, Unverständnis, der Versuch loszulassen, Eintauchen
in die Tiefen der Seele*

Eine weibliche Person in schwarzem Kleid mit sehr betrübtem Gesichtsausdruck wandelt in einer trügerischen Landschaft, einer Schattenwelt, die anscheinend nur in ihrem Kopf existiert. Ihre Augen sind verkniffen, ihre Mundwinkel nach unten gezogen. Traurige Wesenheiten oder Gedankenformen begleiten und verfolgen sie.

Immer wieder taucht in dieser dunklen, bedrohlichen Welt jedoch helles, farbiges Licht auf, strahlendes Licht, das den Weg weisen will in eine hellere Sphäre und das Hoffnung anzeigt. Noch findet das weibliche, emotionale Wesen kaum den Weg aus dieser Fantasiewelt, die es sich selbst erschaffen hat. Sie hält aber einen Schlüssel in den Händen, einen Schatz, der ihr die Tür öffnet in eine freundlichere Welt ohne Trauer.

Offensichtlich vermisst das Tier, um das es bei der Fragestellung geht, eine Person, ein anderes Tier oder eine Situation, vielleicht die alte Heimat? Versuchen Sie herauszufinden, um wen oder was es sich handelt, und erklären Sie dem Tier bitte die Situation.

Hat ein Mensch es abgegeben, und es trauert nun um diesen?
Ist jemand gestorben? Ein Tier oder ein Mensch?
Hat es Heimweh? Trauert es dem alten Zuhause nach, der Ursprungsheimat, in der es lebte, was bei Zootieren oder eingefangenen Tieren natürlich vorkommt?

Erklären Sie dem Tier mental, warum es der Mensch abgeben musste, trösten Sie es, versprechen Sie, ihm ein neues Zuhause zu suchen oder es ein Leben lang zu behalten – und meinen Sie es ernst!

Sprechen Sie bitte mit ihm so über den Tod, wie Sie es mit einem Menschen tun würden, helfen Sie ihm, die Trauerzeit zu überstehen, zeigen Sie dem Tier nun besonders viel Zuneigung! Senden Sie ihm kosmisches Licht, um sein Bewusstsein zu erhellen, und geben Sie ihm viel Zeit. Respektieren Sie seine Trauer, und reden Sie in Gegenwart anderer nicht darüber, denn das verletzt das Tier unter Umständen. Bedenken Sie, dass das Tier geistig fast alles, was sie sagen und denken, mitbekommt.

Wenn es Heimweh hat, tun Sie alles, was ablenkt und was dem Tier hilft, sich zu assimilieren. Arbeiten Sie energetisch, zeigen Sie aber auch Verständnis.

Vielleicht trauert es um ein verlorenes tierliches Kind oder um Freunde in seiner Heimat. Eventuell könnten Sie ein weiteres Tier aufnehmen und dieses zusätzlich aus der alten Heimat Ihres Tieres kommen lassen, ein Tier, um das Ihr Tier trauert. So etwas könnte im Falle von Katzen und Hunden zum Beispiel passieren, die von Hilfsorganisationen im Ausland eingefangen werden. Unter Umständen erinnern sich die dortigen Helfer noch an Freundschaften oder Verwandtschaftsverhältnisse, die die Tiere dort pflegten.

Liegen positive Karten um den "Trauerfall", wird das Tier bald den "Schlüssel" benutzen, um in eine mental hellere Welt einzutreten. Finden Sie negative Karten vor, leidet das Tier wirklich enorme Seelenqualen.

Trauer ist ein äußerst schmerzhafter Prozess, der auch bei einem Tier Monate oder Jahre dauern kann. Üben Sie sich in Geduld, und schenken Sie Ihrem Tier viel Liebe und Verständnis.

39 Unantastbarkeit

Qualität: Sicherheit, Schutz, Geborgenheit, Aufforderung an den Fragesteller, das Tier zu schützen

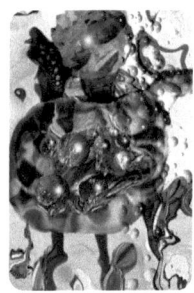 Hier sehen wir ein Kind, das als Schutzschild einen Schildkrötenpanzer trägt. Die weichen Farben, Blau und Rosé, und die unbekümmerte, fast verspielte Haltung des Kindes beweisen, wie sicher es sich seines Schutzes ist. Es fühlt sich geborgen und behütet.

Das Kind symbolisiert das Tier, über das der Fragesteller etwas erfahren möchte. Das Tier ist in Sicherheit. Nichts kann es momentan anfechten, weder mentale Fremdbeeinflussung noch äußere, reale Attacken.

Unantastbar wird das Tier, wenn Sie als sein Lebensgefährte es vor tierkommunikatorischen "Angriffen" anderer Menschen schützen, die nichts bei ihm zu suchen und die Sie nicht um Erlaubnis gefragt haben, mit dem Tier mental zu kommunizieren. Falsch angewandte mentale Kommunikation kann das Tier verschrecken. Besonders fatale Folgen kann mentale Tierkommunikation haben, wenn mehrere unverantwortliche Menschen gleichzeitig versuchen, sich geistig mit dem Tier in Verbindung zu setzen.

Schützen könnten Sie das Tier mittels Mantren, Energiearbeit, Gebeten, Meditationen und eventuell mit Hilfe von bestimmten Ritualen, je nachdem welcher geistigen Richtung Sie anhängen.

40 Unterdrückung

Qualität: Destruktivität, Schreckensbilder, Erfahrung von Aggressivität, mentale und physische Unterdrückung, Hass oder Ablehnung, Trostlosigkeit, Verzweiflung, Schrei nach Hilfe

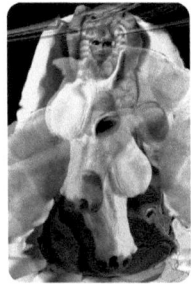 Eine junge Frau mit enttäuschten Gesichtszügen und traurigen Augen, die ein Tier symbolisiert, liegt an einer Stelle, wo sie angezogen nicht hingehört: in einer Badewanne, in der sie sich verkrampft festhält. Über ihr schweben Formen, die sie zu bedrohen scheinen. Sie ist nicht "Herr" der Lage und ist der Situation, in der sie sich befindet, unter Umständen schon länger ausgesetzt.

Ihr Tier fühlt sich unterdrückt. Es hat keine Chance, sich zu wehren, und versteht das mentale oder reale Chaos nicht, das um es herum herrscht.

Vielleicht erhält es Anweisungen, die es nicht befolgen kann, weil sie entweder unklar sind oder inkonsequent. Vielleicht ist der Einreiter oder Tiertrainer unfähig, mental oder tatsächlich brutal. (Unterschätzen Sie bitte nicht die Kraft der Gedanken und der Worte, die verletzender wirken können als Peitschenhiebe; sie sind unter Umständen nie zu heilen!) Vielleicht sind Sie selbst derjenige, der das Tier derartig unterdrückt. – Hinterfragen Sie die Situation selbstkritisch, nehmen Sie Hilfe von anderen an, falls Sie selbst der Übeltäter sind, entschuldigen Sie sich bei dem Tier und versuchen Sie, eine tierwürdige Situation herzustellen. Wenn andere Menschen das Tier unterdrücken, befreien Sie es von solchen Kreaturen.

Sollten andere Tiere Ihr Tier unterdrücken, halten Sie es fern von solchen, sofern es sich machen lässt. Bei Hundespielen oder Kämpfchen wird von "Besitzern" häufig gesagt: "Die machen das untereinander aus." Meist wird dabei der Schwächere und Kleinere unterdrückt, während der Halter fröhlich zusieht, anstatt seinem kleineren Hund zu helfen. Würden Sie bei Kinderkämpfchen zusehen, wenn Stärkere Ihr kleines Kind fertigmachen würden? Das Tier erwartet Ihren Schutz in solch einem Fall. Mit dem starken Tier könnten sie tierkommunikatorisch arbeiten, sofern der Halter es zulässt, und ihm erklären, dass Ihr Tier schwach und kleiner ist, es keine Kunst ist, es zu erledigen, und dass nur Feiglinge solch ein Verhalten an den Tag legen. Solche "Gespräche" wirken Wunder, wenn nicht der Halter dagegensteuert. Ist er ein geistiger Tieflieger, berauscht er sich womöglich daran, dass sein großer Hund kleinere bekämpft und wird dieses Verhalten weiterhin unterstützen.

Falls die Unterdrückung zu Hause stattfindet, regeln Sie es bitte mittels psychologischen Handelns und vor allem mittels der telepathischen Kommunikation mit den Tieren. Vermitteln Sie bitte liebevoll und diplomatisch zwischen ihnen!

41 Vergebung

Qualität: Begegnung mit dem Schuldbewusstsein, Märty-
rertum, Scham, Schuld, Schande, Ungerechtigkeit, Gerech-
tigkeit, Ausgleich

Das Bild zeigt eine Nonne im Vordergrund, die einem schuldbewusst aussehenden Mädchen, das vor
ihr kniet, die Hand reicht. Beide Personen symbolisieren ein Tier oder zwei Tiere.

Die Bedeutungen dieser Karte, die von der Fragestellung abhängen, lauten:

Bitte verzeihen Sie Ihrem Tier! Es ist gnadenlos
von Ihnen abhängig. Strafe hat selten etwas bewirkt, außer dass sie ein
zwischenmenschliches oder zwischentierliches Verhältnis vernichtet hat.
Erklären Sie Ihrem Tier sein Vergehen, und warten Sie geduldig ab. Es
gibt kein Tier, das bewusst etwas "falsch" macht, um einen Menschen
zu ärgern. Es gibt Menschen, die nichts erklären können, die inkonsequent und launisch bezüglich ihrer Wünsche sind. Es gibt Tiere, die
den Schalk im Nacken haben und aus Blödsinn oder Trieb, ohne die
Konsequenzen zu kennen, etwas anstellen, ein anderes Tier fressen, ihre
Möbel und besten Schuhe anknabbern, weglaufen und Versteck spielen
oder jemanden beißen. Für unsere menschlichen Begriffe kann es furcht-
bar sein, was das Tier angestellt hat, aber es wertet anders als wir. Es
kennt weder den Wert des Geldes noch den unserer Arbeit oder die Bedeutung, die ein anderes Tier, das in der Natur sein Opfer wäre, für uns
darstellt.

Vielleicht hat das Tier also in Ihren Augen etwas angestellt, das ihm
nun leid tut. Es mag ihm allerdings nur deshalb leid tun, weil Sie be-
trübt, wütend oder enttäuscht sind, nicht weil es den Grund für Ihre

Unzufriedenheit kennt. Bedenken Sie, dass auch ein Tier, wie so viele Menschen, ein Kurzzeitgedächtnis hat und seinen Trieben gehorcht. Es mag etwas in Ihren Augen nicht richtig ausgeführt haben, doch fragen Sie sich bitte: Waren Ihre Ziele zu hochgesteckt? Eignet sich das Tier für diese Aufgabe? Tun Sie ihm vielleicht Unrecht? War es zu lange allein? Befriedigen Sie seine Ansprüche? Wann haben Sie das Tier das letzte Mal nach seinen Bedürfnissen gefragt? Haben andere Tiere oder Menschen es provoziert? Erklären Sie, erklären Sie und erklären Sie dem Tier bitte noch einmal, so gut es möglich ist, worum es Ihnen geht. – Auf jeden Fall fühlt sich das Wesen unwohl und bittet um Vergebung.

Unter Umständen handelt es sich um zwei Tiere, die einander etwas zugefügt haben. Es kann sein, dass ein Unfall passiert ist und ein Tier zu Schaden kam, es kann auch sein, dass aus Wut oder Eifersucht (unter Umständen hat der Fragesteller so etwas provoziert) heraus etwas Negatives geschehen ist mit einem Tier, das das andere Tier nun bereut. Ihre Aufgabe ist es, hier zu vermitteln.

Eine andere Deutung wäre, dass die Nonne das Tier versinnbildlicht, das dem Fragesteller verzeiht. Der Fragesteller bittet das Tier schuldbewusst um Vergebung, weil er etwas für das Tier völlig Falsches angerichtet hat. Es mag sein, dass beide sich auf unterschiedlichen Ebenen befinden. Eventuell ist das Tier an einem anderen Ort, und vielleicht hat der Mensch falsch vermittelt und bittet es nun geistig und tierkommunikatorisch um Vergebung.

Oder das Tier ist im Jenseits. Viele Menschen erweitern ihr Bewusstsein erst recht spät, manchmal zu spät, um einem Tier ein tierwürdiges Leben zu bereiten, oder sie bereuen zum Beispiel, das Tier zu früh oder zu spät eingeschläfert zu haben. Doch der Fragesteller kann auch geistig Abbitte leisten.

42 Liebe

Qualität: Zugehörigkeit, Gemeinsamkeit, Vertrauen, Wachstum, Beständigkeit, gefestigtes Gefühlsleben, Metamorphose, Kompromissbereitschaft

 Ein Tier und ein Menschen ähnliches Wesen, von einem rötlichen Federkleid umgeben, schmiegen sich vertrauensselig und scheinbar in tiefer Verbundenheit aneinander. Die beiden stehen in einer innigen und liebenden Beziehung zueinander. Sie sind nicht voneinander zu trennen. Ihr Schicksal ähnelt sich, durch glückliche Umstände fanden sich die beiden und keine Macht, nicht einmal der Tod, kann die beiden auseinanderbringen. So lautet die eigentliche Bedeutung der Karte.

Liegen jedoch negative Karten im Umfeld, mag es sein, dass üble Einflüsse versuchen, die Liebenden für einige Zeit zu trennen. "Einige Zeit" heißt für die beiden, dass sie auf jeden Fall wieder vereint sein werden, vielleicht auf irdischer Ebene, vielleicht auf geistiger, vielleicht zu einer anderen Zeit.

Ob eine Trennung stattfindet, erfahren Sie durch das Ziehen weiterer Karten oder über die umliegenden. Liegen "Trennung" oder "Tod" in unmittelbarer Nähe, so ist eventuell eine vermeintliche Trennung möglich.

Befinden sich positive Karten wie "Schwangerschaft" in der Nähe, so wird etwas Neues, Schönes entstehen. Die umliegenden Karten oder Zusatzkarten zeigen an, um was es sich dabei handelt. Liegen beispielsweise "Lichtwesen", "Kosmische Kraft" oder "Zärtlichkeit" in der Nähe, so deutet dies auf eine Verbindung hin, die geschützt ist. Liegt "Freude" im Umfeld, so mag das heißen, dass es in der Beziehung auch Freude gibt und dass man noch lange in dieser glücklichen Lage bleibt. Liegt die

"Schnelligkeit" daneben, so bedeutet dies, dass das Gefühl der Freude schnell vorüberzieht oder schnell entsteht; zieht es vorüber, müsste auch die "Astralreise" oder die "Reise" in der Nähe liegen. Dennoch bleibt diese unendliche und himmlische Beziehung bestehen.

Liebe vergeht nicht. Sie mag sich ändern, wenn "Metamorphose" in der Nähe liegt. Aber es bleibt dennoch Liebe, wenn auch auf einer anderen Ebene oder in anderer Art.

43 Vertrauen

Qualität: Suche nach gefühlsmäßiger Geborgenheit, seelische Wärme, Zutraulichkeit, Wachstum innerer Weisheit, Erlebnistiefe

 Hier sehen wir ein Tier, das sich, versinnbildlicht durch einen Menschen, verändert. Eine Metamorphose findet statt. Links ist ein erstauntes Gesicht zu erkennen in kühlem Grün, das sich nach unten hin im nächsten Gesicht hinter blütenähnlichen Formen versteckt. Schauen wir weiter nach rechts, scheint das Wesen bereits mehr Wärme auszustrahlen. Es wird rötlich dargestellt und lächelt leicht, bis es schließlich ganz rechts im Bild voller Zutrauen, auf jeden Fall verändert, den Fragesteller anblickt.

Die Karte deutet an, dass ein Tier allmählich Zutrauen fasst zu einem Menschen, einem anderen Tier oder einer Situation, die von ihm bislang kritisch und argwöhnisch betrachtet wurde.

Es fasst Vertrauen, es verändert sich, weil der Mensch sich mittels einer Form der geistigen Energiearbeit mit ihm beschäftigt, die vieles in ihm umformt oder "erleuchtet". Vielleicht vertraut es auch allmählich der wohltuenden geistigen Lichtarbeit, die bisher ungewohnt war und die der Mensch für es leistet.

Es handelt sich unter Umständen um ein scheues Tier, das aus schlechten Verhältnissen stammt, misshandelt wurde oder etwas "Tragisches" erlebt hat, womit es nicht so leicht klarkommt. Innerlich qualmt und brennt es in dem Tier, was das aus dem Kopf austretende Feuer anzeigt. Es nimmt die Situation, in der es sich befindet, ernst und hat zu kämpfen mit seiner Einstellung, was die Denkfalten auf der

Stirn anzeigen. Eine nicht einfache Situation, in der es Geduld benötigt und Hilfe.

Aber die Karte zeigt deutlich, das sich Erfolg einstellen wird, unabhängig davon, wie und warum sich das Tier verändern wird, denn ganz rechts erstrahlt es, selbst darüber erstaunt, im Licht.

44 Stärke

Qualität: Erhabenheit, Selbstbewusstsein, innere Kraft und Würde, mediales Wissen, Einfühlungsvermögen, Mitgefühl, kosmischer Schutz, Ansehen und Geltung

Hier handelt es sich um ein Tier, versinnbildlicht durch eine Frau, das durch seine gerade, unverkrampfte, lockere, authentische und selbstbewusste Körperhaltung Kraft ausstrahlt. Der Gesichtsausdruck ist von zweitrangiger Bedeutung und kaum zu erkennen. Dafür erkennen wir einen Teil eines halbtransparenten Löwenkopfes in der Brustmitte.

Im Gegensatz zur Karte "Mut" liegt hier wahre Stärke vor. Das Tier hat es nicht nötig anzugeben, sondern es weiß, dass es kraftvoll ist. Es geht dabei hauptsächlich um innere Kraft, die das Tier nach außen abstrahlt, wobei es von kosmischem Glanz umgeben ist. Kaum jemand, ob vier-, zwei- oder sechsbeinig, wird dieses Wesen angreifen.

Aufgrund seiner inneren Entwicklung, seiner Lebenserfahrung, seiner Lebenssituation und vielleicht aufgrund seiner ehemaligen Inkarnationen strahlt das Tier diese erhabene Würde und Kraft aus, die bei Mensch und Tier für Ansehen sorgt.

Stellten Sie die Frage: "Was benötigt das Tier?", so bedeutet diese Karte, dass Sie es stärken sollten durch Aufmunterungen. Sie können sein Selbstwertgefühl verbessern, indem Sie ihm Komplimente bezüglich seines Aussehens machen, die Tiere immer gern vernehmen; genauso können Sie es für seine Leistungen loben.

Vielleicht braucht das Tier eine Aurareinigung (Reinigung seines Ätherkörpers), was weitere Karten bestätigen könnten.

Eventuell sollten Sie das Tier in der sozialen Gruppe, in der es lebt, aufwerten. Oft bewirkt es wahre Wunder, wenn wir anderen menschlichen oder tierlichen Familienmitgliedern in Gegenwart dieses Tieres (oder in seiner Abwesenheit – das sollten Sie selbst intuitiv und diplomatisch entscheiden) verbal, wobei das Tier unsere Gedanken liest, oder mental zum Beispiel erläutern: wie schön es aussieht, wie gut es im Gegensatz zu anderen klettern, sich verstecken, Ball spielen, singen, schwimmen, rennen, springen oder schmusen kann. Wir loben, wie loyal es ist, wie gut es arbeitet, wie verantwortungsbewusst es aufpasst, wie mutig es ist und wie charaktervoll, wie es anderen hilft und wie dankbar Sie sind, dass es existiert. Natürlich lesen Tiere unsere Gedanken und wissen, ob Sie diese Komplimente nur austeilen, weil Sie harmoniesüchtig sind, Ruhe wollen, das Tier nicht als ebenbürtig anerkennen ... – oder aber ob Sie es ernst meinen.

45 Erscheinung

Qualität: Medialität, Spiritualität, innere Weisheit, Verbindung mit jenseitigen Energien, Brücke zwischen Dies- und Jenseits, Abwehr negativer Kräfte, magische Anziehung positiver Energien

Auf dieser Karte erkennen wir eine halb verschleierte Frau, die aus Wasserwellen oder aus Licht- und Luftenergien gleichsam wie ein Geist entsteht und im gesamten Bild zu schweben scheint. Ein Hund betrachtet die Situation.

Tiere sind, im Gegensatz zu vielen Menschen, hellsichtig, hellhörig und hellfühlend. Sie sehen mehr als wir Menschen, ahnen vieles im Voraus, warnen uns mental bezüglich mancher Lebenssituation und materiell bezüglich Naturkatastrophen, was ein bekanntes Phänomen darstellt.

Das Tier, um das es geht, nimmt Erscheinungen wahr, Energien, die Ihnen vielleicht bislang verborgen geblieben sind. Solche Entitäten können sich harmlos, schützend oder störend auswirken. Es mögen Gedankenformen des Tieres, eines Menschen, Persönlichkeitsanteile oder Energieteile von Verstorbenen sein.

Das Tier kann Ihnen, dem Fragesteller, davon mental berichten, es mag zuweilen davonrennen ohne - für Sie - ersichtlichen Grund. Es mag aufjaulen oder - für Sie unerklärlich - eine Wand anstarren und mit seinem Blick langsam einer vermeintlichen Gestalt folgen. Die meisten Tierhalter kennen das. Leben Sie mit mehreren Tieren zusammen, so stellen Sie vielleicht zuweilen fest, dass die Augen aller Tiere in Ihrem Haushalt einer - für Sie unsichtbaren - Gestalt oder Form folgen.

Diese Karte zeigt an, dass das Tier Energien beobachtet und eventuell von ihnen gestört wird. Von den umliegenden Karten hängt es ab, wie es damit umgeht. Arbeiten Sie tierkommunikatorisch, sehen Sie durch seine Augen und entscheiden Sie, ob diese Entitäten bleiben oder ob sie verschwinden sollen. Es mag Kräfte geben, die dem Tier hilfreich zur Seite stehen, sich sehr positiv auswirken, andere wiederum könnten es quälen. Die Form, die das Tier oder Sie sehen, ist nicht maßgeblich, bedeutsam ist die Schwingung der Energie. Strahlt das Wesen Liebe aus, handelt es sich sicher um eine hilfreiche Energie. Möglich ist auch, dass das Tier ein verstorbenes Tier oder einen verstorbenen Menschen anhand der Schwingung erkennt.

46 Freundschaft

Qualität: Spaß, Wärme, Treue, Anmut, Vertrauen, Hilfsbereitschaft, Herzlichkeit, Aufgeschlossenheit, Zuverlässigkeit

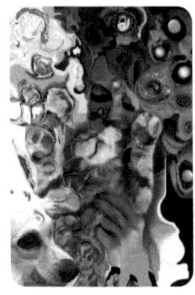 Hier sehen wir einen entspannten Menschen, der auch ein Tier symbolisieren könnte, in tiefer Vertrautheit mit einem Tier schmusen. Das Tier liegt vertrauensselig auf dem Rücken, genießt und lässt sich seinen Bauch streicheln. Das Bild zeigt ausschließlich warme Farbtöne und sehr weiche Formen, die anzeigen, wie zart und wertvoll die Beziehung ist. Die beiden Kreaturen fühlen sich beim jeweils anderen zu Hause, entwickeln Vertrauen zueinander und genießen in stiller Freude ihre liebevollen Bande.

Eine Freundschaft entsteht in einem geschützten Rahmen. Es kann sich um Tiere und Menschen oder Tiere untereinander handeln. Die Geschöpfe sind im Grunde unanfechtbar, denn die über sie thronende lichtvolle, lächelnde Gestalt behütet ihre Eintracht. Zarte Bande des Verständnisses füreinander und des Austausches wachsen und gedeihen.

Es handelt sich keinesfalls um Liebe auf den ersten Blick, sondern eventuell erst auf den fünften ... Zunächst einmal testet und prüft man sich spielerisch, immerhin wird hier der Grundstein für eine lebenslange Freundschaft gelegt. Die umliegenden Karten zeigen an, wie sich diese Freundschaft entwickelt und was daraus entstehen könnte.

47 Zärtlichkeit

Qualität: Liebe, Mitgefühl, Erneuerung, Erweckung, Kampf gegen das Böse, Verschmelzung mit dem Ganzen

 Beide Personen sind in goldgelben Farben gehalten, sie tauschen Liebkosungen aus. Beide Menschen personifizieren ein Tier und einen Menschen oder zwei Tiere. Weiche, zerfließende Formen und pastellige Farben umschmeicheln das sich zärtlich begegnende Liebespaar.

Es handelt sich hier weniger um eine spirituelle als um eine rein irdische Beziehung, die von rührenden, liebenden, zärtlichen und innigen Gefühlsregungen begleitet wird. Diese Beziehung wird momentan von einem friedlichen Miteinander bestimmt. Hauptsächlich braucht man sich gegenseitig, um körperliche Zärtlichkeiten und Streicheleinheiten auszutauschen.

Es wäre jedoch verfrüht zu glauben, dass diese Verbindung unanfechtbar sei und die eventuellen Schwierigkeiten der Vergangenheit behoben seien.

Ein Fluss von Farben, die wie schimmernde Seide wirken, fließt aus dem linken, unteren Bildrand heraus. Einerseits reißt er Probleme des Paares mit sich und lässt diese verschwinden. Andererseits sorgt er für weitere, immer neu entstehende Probleme, die von allen Seiten auf das Paar zuschwimmen.

Ob die mehr oder weniger oberflächlichen Gefühle des Pärchens füreinander diesen Anfechtungen standhalten, zeigen die umliegenden Karten des Spieles an.

48 Trägheit

Qualität: Geduld, Selbstdisziplin, sich im Vertrauen auf die kosmische Ordnung üben

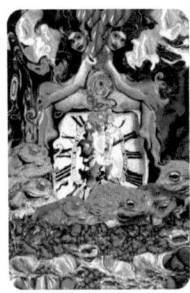 Hier sehen wir eine Uhr, in deren Mitte ein gelangweilt aussehendes Wesen, einem Geist ähnlich, sitzt und abwartet. Auf der Uhr befinden sich zwei träge, ebenfalls gelangweilt wirkende, puppenartige Mädchen, die den Betrachter öde ansehen. Braune Zweige voller Blätter wachsen bereits zur Uhr hinunter und stören die beiden Mädchen ein wenig. Andere organisch wirkende Formen zerfließen langsam.

Die Zeit scheint stillzustehen. Man wartet, fasst sich in Geduld, aber es passiert nicht viel.

Energetisch versinnbildlicht das Bild Gleichmut sowie Selbstdisziplin, die das Tier üben muss. Liegt diese Karte neben dem "Menschlichen Gefährten" muss auch dieser Geduld, Toleranz und das spirituelle Wissen um die Gesetzmäßigkeit hinter allen Vorgängen in der Natur wie auch hinter allem tierlichen und menschlichen Tun mitbringen.

Tier oder Mensch müssen intuitiv spüren, wann die Zeit reif ist für bestimmte Unternehmungen, Verbindungen und Zusammenhänge. Alles geht scheinbar sehr langsam voran.

49 Lichtwesen

Qualität: Versöhnung mit schicksalhaften, harten Geschehnissen, Schutz, Geborgenheit, Vertrauen, innere Freude, innere Einkehr, Neuanfang, Glück

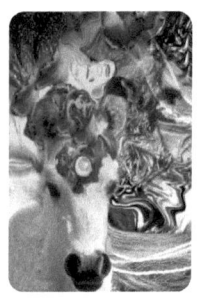 Eine goldene Gestalt, auf den ersten Blick kaum zu erkennen, die würdevoll, weich, dennoch glanzvoll und scheinbar mächtig wirkt, zeigt sich uns. Rechts sehen wir ein Auge mit tiefblauer Iris und langen schwarzen Wimpern. Das Gesicht ist verschleiert. Diese Gestalt soll ein engelartiges Wesen versinnbildlichen, dessen Aufgabe darin besteht, hauptsächlich Tieren dienlich zu sein. Ein blassgrüner Frosch klettert vertrauensvoll an den engelhaften Haaren empor. Das Lichtwesen steht für Wärme, Schutz, Geborgenheit, Vitalität, Frische und Selbstvertrauen.

Dieses Wesen symbolisiert das Licht und die kosmische Kraft. Es versinnbildlicht Lebenslust und führt das Tier zu einem Erkenntnisprozess, bei dem ihm "ein Licht aufgeht". Alle Schwierigkeiten und Probleme, Ängste oder Alpträume weichen dem Gold, dem Glanz und dem Licht, das dieses Bild ausstrahlt. Es hat einen versöhnlichen Charakter, der es ermöglicht, einen Neuanfang zu starten. Diese Karte steht für die Aussicht des Tieres, die Glanzseite des Lebens zu erfahren. Das lichtvolle, gütige, glanzvolle Wesen beschützt es, gibt Wärme und bietet dem Tier im Überfluss sowohl psychisch als auch körperlich, was immer es braucht. Liegt das "Lichtwesen" neben der "Tierlichen Hauptperson" wird diese trotz aller Widrigkeiten beschützt.

50 Leidenschaft

Qualität: Triebhaftigkeit, tiefe, jedoch kurzfristige Liebe, die umschlagen könnte in negative Emotionen, äußerer Glanz, eventuell äußerer Wohlstand, Oberflächlichkeit, die bereut wird, Lebensfreude, Optimismus, Leiderfahrung

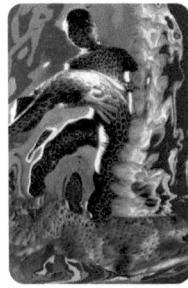 Etwas versteckt hinter einem violetten Vorhang tanzt ein Paar einen feurigen Tanz, beide im Leopardenlook. Ihre Körper wirken wie miteinander verschmolzen. Orangefarbene Flammen umgeben sie als Zeichen ihrer wilden Erregung.

Dieses Bild deutet eine womöglich nur kurzfristige Beziehung an (die umliegenden Karten geben hierzu nähere Auskunft), bei der es mehr um die körperliche Anziehung geht als um die seelische, die in lebenslanger Erinnerung bleiben könnte. Euphorisch und beglückt tanzen zwei Wesen so zumindest für eine kurze Zeit einen Tanz voller Leidenschaft.

Es mag sein, dass sich zwei Tiere leidenschaftlich lieben oder ein Mensch mit einem Tier eine leidenschaftliche Beziehung bildet, jedoch keine sexuelle – es sei denn "Sodomie" liegt in unmittelbarer Nähe.

Der Mensch hat sich eher pubertär nur in die äußere Form des Tieres verguckt als in dessen Wesen oder Charakter. Es ist nicht wirklich und unbedingt ein "Wiedererkennen", eine karmische Verbindung, obwohl es, wenn die umliegenden Karten dies anzeigen, auch eine solche Verbindung sein könnte. Hier lockt jedoch vorrangig in extremer Form der äußere Reiz. – Bei vielen Tiergattungen kommt es vor, dass sich meist das männliche Säugetier unsterblich in ein neues "Mädchen" verliebt, dieses verherrlicht, es jedoch sofort fallen lässt, sobald ein neues hinzukommt.

Vielleicht hat sich auch ein Mensch eines Tieres, das Hilfe bedarf, angenommen, tut alles für das Tier, vergöttert es für kurze Zeit und lässt die Beziehung wieder absterben. So etwas passiert zum Beispiel während Urlaubsreisen: Anstatt bedürftige Tiere oder das "geliebte" Tier zu seinem eigenen Wohl zu sterilisieren, es mit nach Hause zu nehmen oder in ein Tierheim des Urlaubslandes zu bringen, wird es nach dem Urlaub wieder seinem Schicksal überlassen. Oftmals leidet der Mensch jedoch später unter seinem schlechten Gewissen.

Energetisch bedeutet diese Karte auch: **Lernen durch Leiderfahrung.** Denn eine leidenschaftliche Beziehung schafft Leiden. Deshalb ist Vorsicht geboten. Andere Lebensgefährten, ob tierlich oder menschlich, könnten eifersüchtig werden, Schaden anrichten, oder ihnen wird ein Leid widerfahren, was durch das Ziehen von Zusatzkarten abgeklärt werden kann.

51 Astralreise

Qualität: Hingabe an die kosmische Allmacht, Einswerden mit der kosmischen Allmacht, Überwindung von Raum und Zeit, kosmische Liebeserfüllung, Abenteuerlust, Neuanfang, Metamorphose, Loslassen

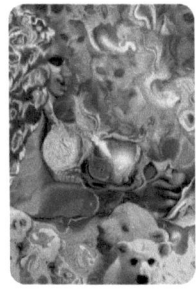 Auf dieser lichtvollen Karte erkennen wir linksseitig eine sitzende, engelsgleiche Gestalt mit wallenden, goldblonden Locken, deren Gesicht nicht vollständig gezeigt wird. Sie hält schützend den Kopf eines Menschen, der sich geistig auf eine innere Reise begibt. Licht erstrahlt aus seinem Kopf und versinnbildlicht das erstrahlte und erweiterte Bewusstsein. Die liegende Person symbolisiert das Tier.

Im Hintergrund sehen wir halbtransparente Tiere, die von Federn, Lichterscheinungen und Nebel ein wenig verdeckt werden. Es handelt sich um Katzen, denen man gemeinhin eine besondere Mystik zuschreibt. (So sollen Katzen ohne weiteres Bilokationen durchführen, also an mehreren Orten gleichzeitig erscheinen können.) Wir erkennen im magischen Nebel sieben Katzenaugen. Auch der Zahl sieben wird eine mystische Bedeutung zugeordnet: Sieben Himmel gibt es in allen großen Weltreligionen, es ist der siebte Chakrenstrahl, aus dem die violette Flamme der Freiheit, Zeremonie, Gnade und der Transmutation entströmt ... Unterhalb der scheinbar schwebenden und entspannten Person, dem Tier, erkennen wir links am Bildrand helle Kakadus, die symbolisch für das "Fliegen" und "Schweben" stehen. Die sitzende Person mag ein Mensch oder eine geistige Entität sein.

Entweder begleitet das Tier einen Menschen während dessen Meditation, was Tiere gern tun. Sie klinken sich in das menschliche Bewusstsein ein, was inzwischen Naturwissenschaftlern, den Quantenphysikern, allmählich gelingt zu beweisen, oder sie "meditieren" selbstständig. Nicht umsonst bauen die Jainas im Zuge der "Ahmisa"-Philosophie ihren Ratten Tempel, füttern diese und beten die hochintelligenten Tiere an wie sonst nur Mönche in Asien verehrt werden.

Diese Karte kann aber auch anzeigen, dass ein Tier mit Hilfe eines geistigen Wesens seinen Menschen während einer Reinkarnationssitzung mental begleitet.

Natürlich kann es sich bei der Bedeutung dieser Karte auch um den irdischen Tod handeln, der sehr positiv dargestellt wird, weil er neue Möglichkeiten, einen Neuanfang, eine Transformation beinhaltet. Liegen der "Tod", die "Reise" und das "Loslassen" in unmittelbarer Nähe, so wird das Tier unwiderruflich in eine andere Dimension wandeln. Die Astralreise wird zu einer Reise ohne Wiederkehr.

52 Enttäuschung

Qualität: Zerstörung, Umbruch, Misserfolg, Intrigen, Betrug, Überforderung, Ende einer Täuschung

 Hier sitzt eine weibliche, bleiche Person, die das Tier symbolisiert, bewegungslos mit dunklen und zerrissenen Kleidern in einer Schneelandschaft. Ihre Arme und Beine hat sie von sich gestreckt. Ihr Gesichtsausdruck wirkt starr vor Schreck.

Weiße, schwer aussehende Gebilde trägt sie auf dem Kopf, und sie wird von anderen weißen Objekten, die auf sie zurasen, scheinbar attackiert.

Es geht um Misserfolge, die das Tier erleidet und denen es hilflos ausgeliefert ist. Es weiß sich keinen Rat. Alles um es herum scheint kalt und herzlos, Attacken bestürmen es, welcher Art auch immer. Es mögen Menschen oder Tiere sein, die es angreifen, oder es kann sich um psychische Attacken handeln – und wenn es "nur" die eigenen sind. Vielleicht hat es sich selbst überschätzt.

Energetisch steht diese Karte für die tierliche Desillusion, für die Selbst- und Fremdtäuschung. Sie kann jedoch auch andeuten, dass das Tier fürchtet, bei der Begegnung mit den eigenen Ängsten zu versagen. Daneben steht diese Karte für die tierliche Willenlosigkeit und sowohl psychische als auch körperliche Erschöpfung.

Versprechungen von Menschen werden nicht gehalten. Da ein Tier nicht lügen würde, ist das Tier hier umso enttäuschter und frustrierter, denn es hat naiv und gutgläubig einem Menschen vertraut. Das Tier wird demnach getäuscht, belogen und betrogen.

Eine weitere Bedeutung der Karte wäre, dass das Tier von einem anderen Tier enttäuscht wird, an dem es besonders hängt. Vielleicht wendet sich dieses Tier einem anderen Wesen intensiver zu, so dass eventuell auch Eifersucht mit ins Spiel kommt.

In der Essenz bedeutet diese Karte, dass das Tier völlig perplex ist über Misserfolge bezüglich bestimmter Leistungen. Genauso kann es tief enttäuscht sein, wenn Versprechungen nicht eingehalten wurden oder es seinen eigenen Erwartungen nicht gerecht werden konnte – es wird seiner Illusionen beraubt. Das Tier erfährt geistig einen Erwachungsprozess. Es ist zutiefst "ent-täuscht", d. h. das Ende einer Täuschung ist angebrochen, und Hilfe wird notwendig.

53 Bewegung

Qualität: Lebensfreude, Rhythmus, Erneuerung, Spaß, Glück, Überwinden von Hindernissen, Unternehmungslust, Suche nach Gemeinsamkeit

 Diese helle, freundliche Karte zeigt uns zwei tanzende und lachende Wesen. Beide sind farblich miteinander verbunden, tragen als Zeichen ihrer Gemeinsamkeit die gleiche Zebrafrisur und drehen sich innig umarmt umeinander.

Bewegung ist angesagt, Freude, Spiel und Spaß. Der Mensch symbolisiert entweder ein Tier oder einen Menschen.

Die Karte zeigt unter Umständen an, dass Ihrem Tier Bewegung fehlt; das ist jedoch abhängig von der Fragestellung. Die Karte ist im Allgemeinen eine Aufforderung, mehr zu unternehmen mit dem Tier. Spielen Sie mit Ihren Katzen, Ihrem Frettchen, Ihrem Hund und Ihrem Vogel, oder laufen Sie häufiger mit Ihrem Pferd. Wenn es einverstanden ist, reiten Sie es, doch die meisten Pferde möchten natürlich nicht geritten werden. Begegnen Sie Ihrem tierlichen Freund aber wenigstens häufiger, und beschäftigen Sie sich mit ihm.

Falls Sie gefragt haben: "Was kann ich tun, damit mein Tier besser hört, glücklicher ist, einen stärkeren Bezug zu mir bekommt?", dann lautet die Antwort: Spielen Sie mehr, kümmern Sie sich, üben Sie Agility oder Dogdance, wenn es sich um einen Hund handelt, was auch immer. Tun Sie etwas, was Ihrem Tier Freude bereitet, denn es braucht mehr Bewegung und freudvolles Zusammensein, was letztendlich dazu beiträgt, dass Ihr Tier einen stärkeren Bezug zu Ihnen bekommt und dadurch automatisch eher in Ihrer Nähe bleibt und Bindung erfährt. Gemeinsame Freuden verbinden.

Falls Sie erfahren wollten, warum Ihr Hund so dick oder aggressiv ist oder Ihre Katze ins Haus uriniert, so lautet die Antwort, dass Ihr Tier unausgelastet ist. Vielleicht liegen die Karten "Langeweile" oder "Einsamkeit" in unmittelbarer Nähe.

54 Entspannung

Qualität: passives Ertragenmüssen schmerzhafter Erfahrungen, Unterdrückung aggressiver Regungen, Akzeptanz einer Lebensaufgabe, völliges Loslassen, die Suche und das Finden von Ruhe und Frieden, Aufforderung an den Fragesteller, dem Tier zu helfen

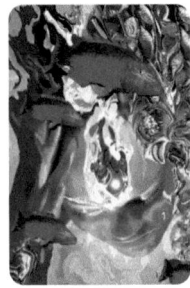

Eine meditative Karte! Ein entspanntes Gesicht in Türkis, die Farbe der Entspannung, schwebt durch das Nichts, durch den zeitlosen Raum. Flammen der Erkenntnis züngeln aus der Stirnmitte und aus den Bildrändern als Zeichen, dass das dritte Auge geöffnet ist und dass das Tier, das der Mensch symbolisiert, in sich horcht, auf seine innere Stimme hört und intuitiv handelt.

Die Bedeutungen dieser Karte, die von den umliegenden Karten spezifiziert werden, sind:

Das Tier ist ausgeglichen, harmonisch und in sich gekehrt. Es ist unter Umständen eine "alte" und erfahrene Seele, die die Aufgabe hat, Ihnen spirituell zur Seite zu stehen oder Sie an die Spiritualität heranzuführen. Erkrankt ein Tier oder wird es plötzlich vermisst, wird sein Mensch oft, weil Mediziner ratlos sind oder nur noch Gebete helfen, an seine verschüttete spirituelle Ader geführt.

Es versteht seine Lebensaufgabe und akzeptiert diese ohne Zögern und Murren.

Das Tier weiß mehr als sein menschlicher Gefährte, es kennt karmische Zusammenhänge, die die Beziehung betreffen, und akzeptiert diese friedlich. Es übt sich in stiller Geduld seinem Menschen oder anderen Tieren gegenüber, die die metaphysischen Verknüpfungen, die das gemeinsame Leben ausmachen, noch nicht verstehen. Es weiß, was es zu lösen und zu versöhnen gibt, denn Tiere sind hochspirituelle Wesen, die ein tiefes Wissen in sich und um sich herum tragen. Sie sind, so sie sich das wünschen und sich gedanklich damit beschäftigen, leichter als der einseitig rationale Mensch in der Lage, automatisch Quantenhologramme anzuzapfen, um sich tiefgründiges metaphysisches Wissen anzueignen. Sie lesen unsere Gedanken und verstehen extensiv die Bücher oder Filme, die wir lesen oder sehen.

Meditation oder Gebete, Mantren und / oder geistige Energiearbeit würden dem Tier helfen, einer schwierigen Situation zu entkommen. Die umliegenden oder die Zusatzkarten zeigen auf, um welche der genannten Möglichkeiten es sich handelt.

55 Abwehr

Qualität: unterbewusstes Geschehen, Schrei nach Hilfe, intensive Ablehnung einer Lebensaufgabe, Angst vor Unheil, Bosheit oder generell vor Unbekanntem, Hilflosigkeit

 Eine weibliche Gestalt, die das Tier versinnbildlicht, verdeckt ihr Gesicht mit Armen und Händen. Sie scheint unter Wasser zu sein und abzutauchen. Kleine Wasserungeheuer und Fische sowie ein etwas verdeckter Mops und eine Katze umgeben die Frau.

Das Tier befindet sich in einem für es ungeeigneten Element, wo es sich nicht zu Hause fühlt. Es fürchtet sich und fühlt sich unwohl.

Es tritt einen allgemeinen Rückzug aus dem Leben an. Weitere Karten geben Aufschluss über die Gründe.

Es geht in seine eigene innere Wesensnatur, in die Tiefe, tritt seinen Rückzug an aus dem pulsierenden Leben. Es braucht Besinnungsphasen, ist vielleicht älter und findet zahlreiche Ereignisse, Spiele, Freude und Freunde fad und oberflächlich.

Das Tier hat Angst und schreit innerlich. Es will sich schützen, kann es jedoch kaum. Es weiß sich nicht mitzuteilen, was der geschlossene Mund auf dem Bild anzeigt. Es sieht nichts, und es ist von Ungeheuern umgeben, die es fühlt.
Klären Sie bitte mit Hilfe der umliegenden Karten, wie Sie dem Tier helfen können und wovor es sich ängstigt.

56 Aggression

Qualität: Triebhaftigkeit, Egoismus, Selbstentlarvung und Entlarvung anderer, Verworrenheit, mentale Blockaden, nervöse Unruhe, Leid, Destruktivität, Fremdbestimmung, Schrei nach Hilfe, Aufforderung an den Halter, mit sich selbst kritisch ins Gericht zu gehen

 Zwei weibliche Gestalten, die Mensch und Tier oder Tiere untereinander symbolisieren, befinden sich im Kriegszustand. Es geht um fressen oder gefressen werden. Giftgrün als Farbe der Kleidung und gleichsam als Farbe der Gefahr herrscht in diesem Bild vor. Die Kleidung ist organisch dargestellt, als wären die Frauen mit Blättern geschmückt, was wiederum Natur und Natürlichkeit symbolisiert, gleichsam als Sinnbild für triebhaftes Verhalten.

Licht, das aus dem dritten Auge des Opfers strömt, symbolisiert Hoffnung. Edelsteine, Gold als Schutz und ein paar Rosengebilde symbolisieren einen in den Kosmos gerichteten Hilferuf.

Eine der Frauen befindet sich hilflos in den Händen der anderen. Das Opfer versucht, die Hand der Angreiferin mit einer tödlichen Waffe abzuwehren. Eine grüne Schlange windet sich um die Hand der Angreiferin und weg vom Hals des Opfers. Die Schlange als volkstümliches Symbol für Falschheit und Intrige, die in der Bibel auch als Sinnbild für das Böse verwendet wird, dient hier im tierlichen Tarot natürlich als das Positive, als Sinnbild für das Leben, als Lebensschlange, die auch im Äskulapsymbol der Mediziner auftaucht.

Energetisch steht diese Karte für Willenskraft, Überlebenswillen, Aggressivität, Egoismus und Machtmissbrauch. Die zahlreichen übrigen Bedeutungen dieser Karte hängen von den umliegenden oder zusätzlich gezogenen Karten ab:

Ein Mensch missbraucht ein Tier oder Tiere aus egoistischen Zwecken, um Gewinn zu erzielen, sei es ein Einreiter, ein Turnierreiter, ein Tourist, der sich egoistisch auf Touristenkamele und -elefanten setzt, ein Händler, ein Vivisektor, ein Fleischesser, einer, der an Hundekämpfen verdient, oder ein Mensch, der seine Unpässlichkeiten an einem Tier auslässt. Es würde Bände füllen, um all die Schandtaten aufzuführen, die Menschen an Tieren begehen.

Liegt der "Schattenmensch" in unmittelbarer Nähe, so bezieht sich die Karte auf das Treiben dieses Menschen.

Ein Mensch ist - aus Sicht des Tieres - sinnlos aggressiv und ist nicht Herr über seine Triebe und Launen. In diesem Fall müsste der "Menschliche Gefährte" oder der "Schattenmensch" in unmittelbarer Nähe liegen.

Tiere untereinander bekämpfen sich ernsthaft, wobei es um fressen oder gefressen werden geht. Sie kämpfen, weil es die Notwendigkeit erfordert, sei es um die Jungen zu beschützen, um den eigenen Hunger zu stillen oder um die Weibchen zu beschützen vor fremden männlichen Tieren.

Im Umfeld liegende Karten könnten sein: "Mutterliebe" oder "Ernährung".

Tiere untereinander kämpfen ernsthaft und gefährlich, weil sie eifersüchtig sind, weil der eventuell unsensible Halter Fehler macht, weil es unter Umständen um Macht und Hierarchien geht, um Spielzeug oder Fressen.

Im Umfeld liegende Karten könnten sein: "Kraft" oder "Trennungsangst".

Ein Tier greift ein anderes oder einen Menschen an, weil es selbst wahnsinnig wird vor Schmerz und sich nicht anders als durch Aggression mitteilen kann. Folgende Karten müssten in der Nähe liegen: "Abwehr", "Assimilierung", "Krankheit"...

Ein Tier lernt anzugreifen, weil es künstlich von Menschen aggressiv gemacht wird, wie Hähne, Hunde, Stiere, um die sadistische Schaulust von anderen Menschen zu befriedigen.

Es ist aufgebracht, weil ein Mensch es vormals misshandelte, und die aufgestaute Wut bricht nun aus ihm heraus. Derartige – oft spektakuläre – Fälle passieren im Fall von Elefanten, Fischen, Vögeln und Hunden sehr häufig. Aber auch andere Tiergattungen reagieren mit Aggression, wenn der Mensch sie psychisch oder körperlich zu sehr strapaziert. Im Umfeld liegende Karten könnten zum Beispiel sein: "Sodomie", "Grausame Vergangenheit", "Gefangenschaft", "Krankheit" oder "Unterdrückung".

Gleichgeschlechtliche Tiere, die sich gegenseitig angreifen aus dem inneren Trieb heraus, sich hervorzutun, Geltung zu erlangen und dem anderen Geschlecht oder dem Halter zu imponieren. In diesem Fall müsste die Karte "Leidenschaft" oder vielleicht "Spiegelbild" in der Nähe liegen. Menschen reagieren oft nicht anders als Tiere, wenn auch ihren Möglichkeiten entsprechend. Sind Sie ein Mobber? Dann ist Ihr Tier nur Ihr Spiegelbild! Sind Sie vielleicht intrigant, wenn Sie in sich gehen und sich ehrlich betrachten, oder mögen Sie Ihr eigenes Geschlecht nicht? In dem Fall verstehen Sie Ihr Tier sicher gut und müssten sich selbst ändern, bevor Sie eine Änderung der Verhaltensauffälligkeiten Ihres Tieres wünschen.

Das Tier befindet sich in schlechter Gesellschaft, sei es ein Mensch, der die Urlaubsvertretung bei Ihrem Tier ausübt, während Sie in Ferien sind, sei es Ihr eigener Partner, seien es andere Tiere. Passen Sie bitte auf, und klären Sie, warum die Gesellschaft für Ihr Tier unpassend und vielleicht gefährlich ist.

Aggressivität ist grundsätzlich eine natürliche Verhaltensweise, die nicht pauschal verurteilt werden sollte. Wir sind alle durch Aggressivität entstanden. Der Geschlechtsverkehr ist oft eine aggressive Angelegenheit, die Samenfädchen müssen sehr streitbar untereinander vorgehen, um zur Eizelle zu gelangen, und während der Geburt muss der Embryo normalerweise ordentlichen Einsatz, auch Kämpfergeist beweisen, um das Licht der Welt zu erblicken.

Um die Aggressivität des Tieres abzubauen, wenn es denn geklärt ist, ob diese wirklich unverständlich und unnatürlich ist, sollten Sie Zusatzkarten ziehen gemäß der Frage: "Was kann ich tun, um die Aggressivität meines Tieres aufzulösen?" Vielleicht müssen Sie mit sich selbst ins Gericht gehen und professionelle Hilfe suchen bei einem Arzt, der Reinkarnationstherapie durchführt, wenn die Sache auf einer "karmischen Verflechtung" (Karte) basiert. Vielleicht sollten Sie Ihre Ernährung umstellen, Ihr Verhalten dem Tier gegenüber ändern, Ihre gesamte Einstellung zum Leben oder die Lebensverhältnisse berichtigen, Ihren Partner, der das Tier missachtet, vielleicht in die Wüste schicken oder geistige Energiearbeit durchführen und sich überhaupt vermehrt der Spiritualität zuwenden, was sich wiederum auf das Verhalten des Tieres auswirken würde.

57 Schattenmensch

Diese Karte symbolisiert ausschließlich einen Menschen!

Qualität: *Sadismus, Perversion, Triebhaftigkeit, Egoismus, Ruin, Katastrophe, Machtmissbrauch*

 Hier sehen wir im Mittelpunkt einen Menschen, der als Sinnbild für seine seelische und emotionale Deformation verkrüppelt erscheint. Er symbolisiert, im Gegensatz zu den anderen Karten dieses Spiels - bis auf den "Menschlichen Gefährten", der ebenfalls einen Menschen versinnbildlicht -, tatsächlich einen Menschen. Sein erwachsenes Gesicht wirkt brutal und viel zu groß für den kleinen Körper.

Ein geöffnetes, gut funktionierendes Stirnchakra, das dritte Auge, fehlt. Stattdessen klafft ein Loch in der Stirn. Zwei unterschiedliche Augen und ein schiefer Mund lassen ihn wenig sympathisch erscheinen. Als Sinnbild für seinen winzigen Geist und sein primitives sowie erbärmlich geratenes Denken und Handeln stellt er sein winziges Geschlechtsteil zur Schau.

Beidseitig neben ihm sind Menschen zu erkennen, die ihm dienen, ihn beeinflussen oder ihn unterstützen.

Diese Karte steht für einen Menschen, der eher als Unmensch zu betrachten ist und der sämtliche negative Verhaltenseigenschaften, die ein Tier betreffen, in sich vereint. Er missbraucht, foltert seelisch oder körperlich und sieht grundsätzlich nur seinen eigenen Vorteil. (Bedenken Sie bitte, dass Sie die Karten für ein Tier ziehen, nicht für sich selbst, und demzufolge alles aus der Sicht dieses Tieres dargestellt wird!)

Abhängig von den umliegenden Karten schadet dieser Unmensch dem Tier bewusst oder unbewusst, oder er besitzt nicht die Macht, wirklich zu schaden, weil entsprechende Schutzkarten um das Tier liegen.

Steht der "Schattenmensch" neben dem "Menschlichen Gefährten" kann es dieser sogar selbst sein. Das würde bedeuten, dass der Gefährte des Tieres dem Tier bewusst oder unbewusst schadet. In diesem Fall sollte der Fragesteller bzw. der Tierhalter kritisch mit sich ins Gericht gehen.

58 Trennung

Qualität: Abkehr als Akt einer Befreiung, Abschied, Freiheitsdrang, Ende eines Zyklus', aufatmen, Erleichterung, Rebellion, Schmerz

 Hier sehen wir zwei Menschen, die sich voneinander abkehren, deren Mimik jedoch Ratlosigkeit, Unverständnis und Gleichgültigkeit ausdrückt.

Äußerlich passen sie zueinander, ansonsten scheint sie allerdings nicht mehr viel zu verbinden. Eine Person wendet sich von der anderen ab. Die andere wendet sich ihr nur oberflächlich und scheinbar zu, trägt eine Rose in ihrer Hand als Hoffnungssymbol, vergisst diese jedoch schnell und bekundet schließlich mehr Interesse am roten Vogel als an der anderen Person. Aber auch der rote Vogel sitzt entfernt auf einem Ast und ist offensichtlich nicht zu bewegen, auf ihren ausgestreckten Finger zu fliegen. Hinter den Frauen tut sich ein schwarzes Loch auf, ein Zeichen der Angst und der Ratlosigkeit.

Das Paar symbolisiert einen Menschen und ein Tier oder zwei Tiere, die im Begriff sind, sich voneinander zu lösen. Eine – zumindest für einen von ihnen – schmerzhafte Trennung steht bevor. Dass in dieser Trennung allerdings auch etwas Positives liegt, zeigen die warmen Rot- und Goldtöne.

Ob diese Trennung aufzuhalten ist oder nur von kurzer Dauer, das zeigen die umliegenden Karten an. Liegen die "Beständigkeit" und die "Schnelligkeit" in der Nähe, geschieht die Trennung eher als erwartet und ist von Dauer. Liegt "nur" die "Schnelligkeit" und vielleicht noch die "Unbeständigkeit" in der Nähe, so ist die Trennung dagegen nicht von Dauer.

59 Menschlicher Gefährte

Diese Karte symbolisiert ausschließlich einen Menschen!

Qualität: Aufforderung an den Halter, sich sowohl kritisch mit seinen eigenen negativen als auch positiven Attributen auseinanderzusetzen, Schönheit, Gerechtigkeit, Gelassenheit, Stärke, Machthunger, Egoismus, Eitelkeit, Mitleid, Liebe, Hoffnung, Aufopferungsfähigkeit, Kritikfähigkeit, Lebensmut, Kraft, Stärke

Hier sehen wir einen Menschen mit Gesichtszügen, die einem hübschen Jungen oder einer jungen Frau gehören. Seine Figur wirkt nicht muskulös, eher weiblich, seine Kleidung ist jedoch recht männlich. Maskuline und feminine Persönlichkeitsanteile paaren sich also. Die Person, die tatsächlich einen Menschen und kein Tier symbolisiert, trägt einen Anzug, der Macht versinnbildlicht, und einen mit Gold verzierten Helm, der ebenfalls Stärke und Autorität ausdrückt.

Aus der Sicht des Tieres ist der menschliche Lebensgefährte immer derjenige, der Einfluss und Herrschaft ausübt, sei es über den Dosenöffner, den Kühlschrank oder den Lichtschalter.

Für die meisten Tiere sind die banalsten Dinge, die wir Menschen tun, weltbewegend und wichtig. Sie sind uns zwar bezüglich des emotionalen IQs und oft auch in Bezug auf den rationalen weit überlegen. Sie sind uns geistig und spirituell auf jeden Fall weit voraus, dennoch ist es ihnen aufgrund ihrer körperlichen Andersartigkeit nicht möglich, die oben erwähnten oder andere Dinge zu vollbringen. Sie sind also gnadenlos von uns Menschen abhängig, erleben uns als allmächtig und stark, d. h. sie lassen es sich vorgaukeln, weil ihre grundsätzlich seelenvolle Persönlichkeit und ihr heller und reiner Charakter nicht zulassen zu glauben, dass wir Menschen sind, wie wir uns eigentlich im Allgemeinen darstellen: eitel und stolz, wie der "Menschliche Gefährte" mit hübsch geschminktem, aber starrem Gesicht, dem man ansieht, dass es nach Bewunderung heischt, launisch und nicht immer Herr seiner Ideen und Gedanken, was die umherfliegenden Teile des Kopfes demonstrieren, und zudem machthungrig, was die goldenen Plaketten und Orden auf dem vornehmen Kleidungsstück des "Gefährten" beweisen.

Der "menschliche Gefährte" glaubt zwar zu lieben, will aber hauptsächlich selbst geliebt werden dafür, dass er die Dose öffnet, im Regen Gassi geht, ein armes Tier rettet oder eine teure Box für sein Pferd bezahlt. Selten kommt ihm der Gedanke, dass eigentlich sein Tier IHM durch seine aufrichtige Liebe und Treue dient und dass er dem Tier seine Dankbarkeit beweisen muss – nicht umgekehrt.

Die Karte symbolisiert grundsätzlich einen Menschen, der, wie die reine, weiße Hintergrundfarbe andeutet, keine negativen Gedanken dem Tier gegenüber hegt und es im Allgemeinen "gut meint". Die positiven Eigenschaften des Menschen werden hier nicht aufgezählt, weil das Tier diese in den meisten Fällen ohnehin nachvollziehen kann und diese aus seiner Sicht nicht weltbewegend sind.

Wie es wirklich um den "Menschlichen Gefährten" des Tieres steht, zeigen die umliegenden Karten an.

Der "Gefährte" mag auch einen Menschen symbolisieren, der die menschliche Hauptfigur im Leben des Tieres spielt: ein Jockey, ein Trainer, ein Tierpfleger oder ein Ausbilder. Ein Mensch, der täglich wilde Straßenkatzen füttert, ist für diese Katzen die Hauptfigur, der "Menschliche Gefährte" oder der Freund.

60 Tierliche Hauptperson

Qualität: Spiritualität, Anpassungsfähigkeit, hohe emotionale, intuitive und auch rationale Intelligenz, Gewaltlosigkeit, Geduld, Güte, Ausleben von Liebesfähigkeit, Leidensfähigkeit

 Hier sehen wir einen Menschen, der weder als weiblich noch als männlich zu bezeichnen ist. Dieses Bild symbolisiert das Tier, um das es sich während der Fragestellung dreht. Es ist die Hauptperson des Spieles.

Fell wächst am Körper, Federn sprießen aus dem Kopf. Das Wesen hat ein weiches, freundliches Gesicht, das kindlich und ein wenig naiv wirkt. Es strahlt Liebe, Güte und Wärme aus, was das Rosé im Herzchakra und in der Aura anzeigt.

Eine wilde, graue Ratte auf dem Kopf versinnbildlicht Spiritualität, Anpassungsfähigkeit und sowohl hohe emotionale als auch rationale Intelligenz – Eigenschaften, die diesem Tier gemeinhin zugeschrieben werden.

Ein Pferd im Herzchakra veranschaulicht unermessliche Geduld, hohe Leidensfähigkeit und Gewaltlosigkeit (das Pferd ist weltweit, aufgrund seiner Unfähigkeit, Schmerzlaute äußern zu können, eines der am häufigsten ausgebeuteten Tiere und lebt vegetarisch). Es ist, im Gegensatz zur Ratte, im Allgemeinen ein beliebtes Tier.

Somit vereint die "Tierliche Hauptperson" einige typische Tiereigenschaften in sich.

Die Personenkarte erscheint immer dann, wenn wirklich und tatsächlich, nachdrücklich und eindringlich auf das Tier, um das es gerade geht, hingewiesen wird. Erscheint sie nicht, beziehen sich die gezogenen

Karten natürlich dennoch auf das Tier, das den Fragesteller bewegt. Es betrachtet sich jedoch in diesem Moment nicht als Mittelpunkt seines eigenen Lebens, sondern steht eher außen vor und beobachtet, was geschieht.

61 Tierliche Nebenperson

Qualität: Fröhlichkeit, Humor, Witz, Naivität, Ehrlichkeit, Offenheit, Freundschaft, Vertrauen

 Diese in dunklen Pelz oder Persianer gehüllte Person symbolisiert ein anderes Tier als die tierliche Hauptperson. Die dargestellte Figur versinnbildlicht auf keinen Fall einen Menschen.

Es wird nicht als Feind dargestellt, nicht als Angst erweckendes Geschöpf, sondern es wirkt aufgrund seiner Mimik freundlich, weich, herzlich, vielleicht etwas unsicher – und dennoch sieht es wie eine kleine Persönlichkeit aus. Es lächelt zart und scheint Lichtenergien als Freunde zu besitzen.

Die tierliche Nebenperson hegt positive Absichten. Die umliegenden Karten zeigen den Charakter oder die Ziele an. Es mag ein Freund sein, ein Lebensgefährte, jemand, der auf jeden Fall eine Rolle spielt im Leben des Tieres, um das es bei der Fragestellung geht. Vielleicht sehnt sich die "Tierliche Hauptperson" nach einem tierlichen Freund, der als "Nebenperson" angezeigt wird. Eventuell lebt es auch bereits mit einem anderen Tier zusammen, das eine wichtige Rolle in seinem Leben spielt.

62 Tierlicher Feind

Qualität: Scharfsinn, Kopflastigkeit, Emotionalität, Destruktion, Triebhaftigkeit, Eifersucht, Aggression, Intrige, Gutmütigkeit, Freundlichkeit, Opfer- sowie auch Tätertyp

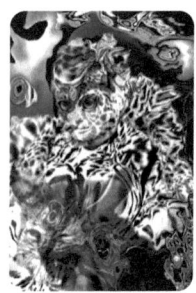

Hier sehen wir eine Person, halb Mensch, halb Tier, die ein Tier oder einen Menschen symbolisiert.

Die Person wirkt aufgrund ihrer angriffslustigen Gestik und ihrer etwas harten und bösartigen Mimik gefährlich und wütend. Sie trägt eine Art Maske als Zeichen dafür, dass sie zuweilen oder immer unter einer Maske, die relativ harmlos wirkt, agiert. Das Bild scheint sich in seine Einzelteile aufzulösen, so sehr regiert die offensichtliche oder auch unterdrückte Wut das Handeln der tierlichen oder menschlichen Person.

Die Person hat also etwas zu verbergen. Ihre Körperhaltung zeigt, dass sie sich anschleicht, was nicht gerade Sympathie erzeugt.

Diese Gestalt symbolisiert ein Tier, das unserer Hauptperson nicht behagt oder einem Menschen nicht zusagt. Daher wird es als Feind dargestellt. Vielleicht betrachtet der Mensch das Tier als seinen Feind, weil es sein Ziel zerstört und sich als Störenfried erweist. In diesem Fall liegt der "Feind" in unmittelbarer Nähe zum "Menschlichen Gefährten" oder zum "Schattenmenschen".

Das Tier, um das es bei dem Tarotspiel geht, sieht den "Feind" als ein tierliches Wesen an, das es angreift, ihm die Zuneigung eines Menschen oder eines anderen Tieres stiehlt, es auf jeden Fall behindert in seiner Lebensqualität. Dieses andere Tier mag aus seinem Napf fressen, ihm überhaupt das Fressen streitig machen, seine Kinder angreifen, ihm sein Spielzeug wegnehmen und dergleichen.

Vielleicht ist der "Feind" aus Sicht des Tieres eigentlich harmlos, aber dennoch ist er ihm persönlich äußerst unsympathisch. In der subjektiven Wahrnehmung des Tieres stellt das andere Tier jedenfalls einen Feind dar.

Sollte es sich um einen anderen Lebensgefährten im Haushalt handeln, tut der Fragesteller gut daran, zwischen den beiden diplomatisch und liebevoll zu vermitteln, um die mangelhafte Lebensqualität der tierlichen Hauptperson zu erhöhen.

Eventuell leidet auch der vermeintliche "Feind", was umliegende Karten anzeigen.

63 Gefangenschaft

Qualität: Grausamkeit, Hilflosigkeit, Bewegungslosigkeit, Eingesperrtsein, Dunkelheit, Verzweiflung, Schrei nach Hilfe und Befreiung

Wir sehen einen Menschen, der ein Tier symbolisiert, die Augen weit aufreißt und sich verzweifelt an das Netz hängt, in dem er gefangen ist. Er hat den Wunsch, frei wie ein Vogel zu sein und dem Gitter einfach entfliehen zu können. – Ein Bild ohne Hoffnung in kühlen Farben: Es gibt wenig kosmisches Licht innerhalb der Karte.

Hier handelt es sich um ein in Gefangenschaft geratenes Tier, dessen Seelen- und Körperzustand nicht im Geringsten mit dem zu vergleichen ist, den das Tier im "goldenen Käfig" (Spielkarte 32) erlebt.

Dieses Tier hier ist entlaufen, gestohlen worden oder in eine Falle geraten und sitzt in einem Käfig ohne Annehmlichkeiten. Es wird aus unlauteren Motiven heraus gefangen gehalten oder ist unfreiwillig, ohne menschliche Beihilfe, in eine solche Situation geraten. Eine Katze könnte beispielsweise in den Keller eines Nachbarn geraten oder in einen Schacht gefallen sein; sie könnte in enge Nischen geschlüpft sein, aus denen sie sich nicht mehr befreien kann. Denkbar ist aber auch, dass das Tier gestohlen wurde und sich beispielsweise in einem Versuchslabor befindet, wenn die umliegenden oder Zusatzkarten diesen Umstand anzeigen. Es werden täglich unzählige Tiere durch Versuchslaborhändler eingefangen, doch wo sich das Tier in dem Fall genau befindet, können die Karten nicht aufzeigen. Der Fragesteller könnte jedoch anhand einer Landes- oder Städtekarte den Ort erpendeln, die Polizei einschalten oder sonstige Möglichkeiten einsetzen, um das Tier aus seiner entsetzlichen Lage zu befreien.

Eventuell fragt ein Mensch nach dem Befinden bestimmter Tiere, die ihm am Herzen liegen, die im Zirkuswagen, in einem bestimmten Zoogeschäft, in einem bestimmten Zoo selbst, im Schlachthof oder bei einem Züchter in einem Käfig oder kleinen Zimmer gehalten werden. Meerschweinchen oder Kaninchen werden oft in winzigen, handelsüblichen Käfigen in Isolierhaft eingesperrt. Wir sperren unsere Hunde und Katzen gewöhnlich doch auch nicht ein, warum tun wir Menschen das Kaninchen oder Meerschweinchen, Vögeln oder Echsen an? Diese fühlen nicht anders als Katzen und Hunde oder als unsere menschlichen Kinder. Tierbefreier könnten sich demnach um das Wohl der Tiere sorgen, die sie zu befreien beabsichtigen, denn das Tier leidet, weil es sich alleine fühlt – selbst wenn es in Gesellschaft anderer Häftlinge ist. Es gehört nicht in diese Gefangenschaft, und es braucht Hilfe.

Ob der Notruf des nicht menschlichen Wesens wahrgenommen wird, wie der Fragesteller dem entsprechenden Tier helfen kann und wie der Lebensweg dieses Geschöpfes anschließend aussehen mag, das zeigen die Karten an, die im Umfeld der Karte "Gefangenschaft" liegen.

64 Wechsel

Qualität: sprunghafte Veränderung, die nach Verwirklichung drängende Körper- und Seelenenergie, Kräfte messen, zeitliche Begrenzung, Oberflächlichkeit

Hell und dunkel, Tag und Nacht, oben und unten, Freude und Traurigkeit begegnen uns hier in Form zweier Puppengestalten. Die Gesichtsfarbe der einen ist hell, die der anderen Gestalt dagegen dunkel; die Kleidungsfarbe der beiden fällt genau umgekehrt aus. Sie passen zueinander, ergänzen sich. Sie können nicht mit und nicht ohne den anderen.

Innerlich und unbewusst spürt das Tier eine tiefe Sehnsucht danach, die ihm innewohnende Gegengeschlechtlichkeit (Animus und Anima), die Verbindung vom Weiblichen und Männlichen in Einklang zu bringen. Unbewusste und bewusste, psychische und physische Kräfte tanzen, spielen und kämpfen miteinander. Wenn der Mensch nicht intuitiv eingreift, kann es zu hitzigen und voreiligen Gefechten kommen.

Die beiden Puppengesichter, die sowohl das Tier symbolisieren als auch die Umstände, in denen es sich befindet, strahlen trotz aller Unterschiede Ruhe und Harmonie aus, jedoch auch Energie und Kraft, die aneinander gemessen werden muss. Vorsicht, solche Spiele könnten Ernst werden! Der Fragesteller ist aufgefordert, zu kontrollieren und das Spiel eventuell zu lenken.

Die scheinbaren Grenzen der Elemente lösen sich auf und fließen ineinander. Sogar die Schnecken scheinen eher zu schwimmen oder zu fliegen als zu kriechen. Alles schwebt, und alles scheint sich in ständiger Veränderung zu befinden.

Die Karte zeigt den Wechsel unterschiedlicher Lebenssituationen und Emotionen an. Alles ist unbeständig und flüchtig. Alles ist schnelllebig und von geringer Dauer.

65 Haltlosigkeit

Qualität: Verirrung, Verwirrung, mentale Dunkelheit, Los-lassen, Auflösung, Einsamkeit, Neufindung unter Leid, Schwäche, Flatterhaftigkeit, Labilität, Wehrlosigkeit, Gebrechlichkeit, Angst, Hilfeschrei

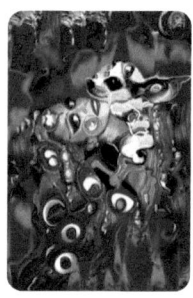

Hier sehen wir eine etwas düstere Karte, die uns eine auf dem Rücken liegende Frau zeigt, deren Gesicht verträumt wirkt. Sie scheint vor der Wirklichkeit, die nicht zu ertragen ist, fliehen zu wollen. Die weibliche Gestalt mag ein Tier oder auch einen Menschen symbolisieren. Auf ihr schwebt ein Tier, das an ihr Halt sucht, jedoch nur durch ihre langen Haare gehalten wird; es versucht, sich an etwas zu klammern, was nicht wirklich existiert oder nicht definiert wird. Beide Gestalten schweben gleichsam im bläulichen, kühlen Nebel durch zeitlose Zeit und raumlosen Raum.

Es handelt sich um ein Tier und einen Menschen oder um zwei Tiere, die völlig kopflos und labil sind, die in keiner Weise wissen, wohin sie gehören, zu wem sie gehören, was sie tun und lassen sollen. Sie sind wegen dieses unvollkommenen Zustands sehr verstört und verwirrt.

Die Karte fordert den Fragesteller auf, dem Tier klare Ziele und Grenzen zu setzen, um die innere Haltlosigkeit aufzulösen, die er zudem wahrscheinlich zunächst an sich selbst beseitigen sollte. Auf dem Bild gibt es weder ein Anzeichen für kosmisches Licht, für Wärme, für Geborgenheit oder gar für Liebe, beide Gestalten sehen sich nicht an. Liebe und wahres Verständnis sind jedoch genau das, was das Tier benötigt.

Grenzen hat zum Beispiel der kleine Prinz von Saint Exupéry dem Fuchs gesetzt, indem er ihn liebevoll zähmte und somit auch seine Anhänglichkeit erfuhr. Einem Tier Grenzen zu setzen und damit für Halt zu sorgen, für innere Sicherheit und Selbstbewusstsein bedeutet zum Beispiel, einem Hund seine Aggressivität liebevoll, nach Klärung aller Ursachen, abzugewöhnen oder der Katze, nach Aufdeckung der Gründe und unter Bezugnahme des eigenen Verhaltens, abzugewöhnen, in die Wohnung zu urinieren. Grenzen setzen heißt auch, sich selbst verantwortungsvoll einzubringen und dem Tier zu zeigen, dass man bedingungslos zu ihm steht und es schützt, so wie es vielleicht den Menschen schützen darf. Man gibt eine klare Linie vor und sorgt damit für einen entsprechenden psychischen Halt.

Ein Ziel zu setzen könnte bedeuten, dass der Fragesteller dem Tier deutlich macht, dass es lebenslang bei ihm bleibt, dass gemeinsame Erlebnisse und Unternehmungen angestrebt werden. Ziehen Sie diese Karte zum Beispiel nach folgender Frage: "Wie reagiert mein Tier, wenn ich ein anderes mit nach Hause bringe?", dann lautet die Antwort: Nein, tun Sie das bloß nicht. Sie riskieren das Vertrauen Ihres tierlichen Lebensgefährten! Das Tier würde rettungslos aus den Fugen geraten.

66 Grausame Vergangenheit

Qualität: Aufarbeitung unbewusster sowie bewusster Ängste und Qualen, Auflösung von Verhaltensauffälligkeiten, die Hilfe des Halters ist gefragt

 Diese Karte zeigt ein sowohl seelisch als auch körperlich verletztes Tier, das in einer düsteren Situation gefangen ist, von der es glaubt, ihr nicht entkommen zu können. Es sieht dünn und ausgemergelt aus, ein Zeichen für starke Bedürftigkeit; sein Gesichtsausdruck drückt Verlassenheit, hilflose Wut und Desillusion aus. Der Zaun steht als Symbol für die Gefangenschaft in der Situation oder als Sinnbild für eine reale Einkerkerung.

Fast jede Karte dieses Spieles könnte je nach Fragestellung als Vergangenheit, Gegenwart oder Zukunft gedeutet werden. Diese Karte jedoch zeigt auf, dass das Tier aufgrund seiner Vergangenheit bestimmte – für den Fragesteller unverständliche – Verhaltensweisen aufzeigt, die mittels Lichtarbeit, liebevoller und natürlich auch tierkommunikatorischer Unterstützung sowie mit Hilfe von psychologischem, unter Umständen langwierigem Engagement aufgelöst werden können.

Auf jeden Fall resultieren die vermeintlichen "Verhaltensauffälligkeiten" aus der Vergangenheit. Der Fragesteller sollte bitte bedenken, dass er aus der Sicht des Tieres eventuell selbst negative "Verhaltensstörungen" aufweist, die auch er, so gut es geht und so es die gesellschaftlichen Zwänge erlauben, beheben müsste. Eine gute Partnerschaft zu führen bedeutet viel Arbeit, und Kompromisse sind grundsätzlich notwendig.

Ziehen Sie eventuell Zusatzkarten, um zu erfahren, welche Störungen Sie als Fragesteller aus der Sicht des Tieres aufweisen.

67 Sodomie

Qualität: Leiderfahrung, Triebhaftigkeit, Ausbeutung, mentaler und materieller Machtmissbrauch, Hoffnungslosigkeit, Betrug, Schwäche, Todessehnsucht, extremer Aufschrei nach Erlösung

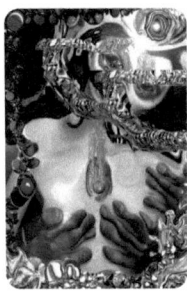 Ein trauriges, erschreckendes und disharmonisches Bild! Grausamkeit, Quälerei, Verzweiflung, Trostlosigkeit, Hoffnungslosigkeit und Leiden enthüllen sich uns.

Hierbei kann es sich um psychische Qualen handeln, die das Tier, um das es geht, erleidet oder um körperliche Leiden, die natürlich mit psychischen einhergehen.

Ein undeutlich im Hintergrund dargestelltes puppenartiges Wesen sehen wir über der – nur zur Dekoration – dargestellten Schlange aus Metall, die als Sinnbild für völlige Hilflosigkeit steht, für Schwäche, für ohnmächtiges Ausgeliefertsein.

Vielleicht handelt es sich bei dem Tier um ein Pferd, das keinen Schmerz äußern kann (Pferde können keinen Schmerzlaut von sich geben, sonst müssten die Zuschauer während eines Turniers Ohrenschützer tragen ...). Vielleicht handelt es sich um ein oder mehrere andere Tiere, die einem Tierquäler in die Hände gefallen sind. Vielleicht ist der Fragesteller selbst der Übeltäter, bewusst oder unbewusst. – Auf alle Fälle reißt das halbtote Mädchen im Bild ihre Augen auf, Tränen fließen, die Herzgegend brennt, während drei dunkle Hände ihren weißen Körper grob anfassen. Ihr Bewusstsein öffnet sich, und ein wenig Licht erstrahlt auf ihrer Stirn, das einen Weg in eine andere Welt ebnet, in der sich das Mädchen zu sein wünscht.

Das Tier erleidet große Qualen, entweder durch die Art, wie es geritten wird – oder überhaupt ob der Tatsache, geritten zu werden. Vielleicht leidet das Tier unter einer zu groben Ausbildung und Erziehung, beispielsweise bei Hunden, oder aber ein Zuchtkater wird in tierunwürdigen Zuständen gehalten und leidet Qualen. Möglicherweise peinigen sich aber auch Tiere untereinander, was bei großen Massentierhaltungen des Öfteren vorkommt. So sitzt eine Katze womöglich mitsamt ihrem Futter und ihrer Toilette jahrelang auf oder in einem Schrank, weil die anderen Katzen sie quälen. Genauso kann diese Karte aber auch andeuten, dass beispielsweise eine Vogelspinne im Terrarium zu wenig Auslauf hat, viel zu kühl gehalten wird und vielleicht vergeht vor Einsamkeit und Hunger, weil sie nicht das Richtige zu fressen bekommt.

Es ist modern geworden, durch äußerst subtile Methoden das Vertrauen der Tiere zu gewinnen, was über Tierflüsterei oder Tierkommunikation möglich ist, um die Tiere anschließend zum Zwecke des Menschen zu missbrauchen – um sie zum Beispiel auf tradierte Weise (auf nicht schmerzfreie Weise) zu reiten oder um Polizei- und Rettungshunde daraus zu "gestalten", ohne die Tiere zu fragen, ob sie diesen "Beruf" überhaupt ausüben möchten. Das Tier wird mental missbraucht.

Vermeintlich "moderne" Hundeerziehung, die jedoch absolut mittelalterlich anmutet, schlägt vor, die Tiere als Strafe zu ignorieren – eine äußerst grausame psychische Foltermethode, bedenkt man, dass der Hund nur Liebe anstrebt und nichts als Liebe geben möchte. Manchmal ist er intelligenter als sein Halter ... Weil der Mensch aber oft zu dumm ist, sich tierkommunikatorisch mit dem Tier auseinanderzusetzen, foltert er es lieber subtil psychisch und völlig unkritisch, weil selbst ernannte Tierpsychologen ein solches Verhalten vorschlagen. Der Hund hat keine Zerstreuungsmöglichkeiten wie Menschen, er ist nur und gnadenlos auf den Halter angewiesen, der ihn, statt mit ihm zu kommunizieren und ihn liebevoll sowie geduldig zu trainieren, ignoriert. Diese Karte kann auch das Verbrechen der Vivisektion (Tierversuche) anzeigen oder der Sodomie (sexueller Missbrauch).

Hier ist ganz dringend Hilfe geboten. Unter Umständen sind die Polizei, das Ordnungsamt oder das Veterinäramt einzuschalten, sollten Sie z. B. bei Tieren in der Nachbarschaft oder bei Ihrem eigenen Tier Qualen entdecken. Arbeiten Sie unbedingt auch tierkommunikatorisch, sofern das Tier noch in der Lage ist, sich mental zu äußern.

Wie im Falle von Menschen, so sind die Übeltäter oft in den eigenen Reihen und in der Nähe zu finden. Der freundlich aussehende Nachbar kann heimlich äußerst grob mit seinem Tier umgehen – oder mit Ihrem! Ihr eigener Partner, Ihr eigenes Kind kann der Tierquäler sein. Seien Sie bitte nicht zu vertrauensselig! Auch der äußerst attraktive und charmante Reitlehrer oder Hundeausbilder kann dank seiner schwarzen Seelenanteile das Tier, um das es bei der Fragestellung geht, zumindest psychisch und mental überfordern, bedrohen, peinigen, beleidigen, seine Würde völlig untergraben und seine Persönlichkeit vollkommen vernichten, so dass es lebenslange Ängste und psychische, wenn nicht auch körperliche Not leidet.

68 Verführung

Qualität: Triebhaftigkeit, Liebesmissbrauch, sexuelle Gelüste, Lüge, Selbstaufopferung, Hingabe, Herzlichkeit, Wärme, Ästhetik, Sanftheit, Rausch, Lust, Zeugung und Empfängnis, Begierde, Liebeserfüllung, Treue

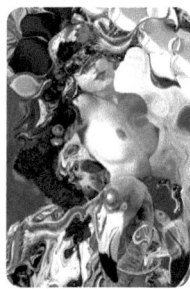 Eine junge, halbnackte Frau, Sinnbild für das Tier, um das es geht, räkelt sich lustvoll, während sich manches um sie herum verändert. Ihre Augen sind verbunden, sie ist also nicht Herr der Lage und versteht nicht recht, worum es geht. Sie hat weder Kontrolle über sich oder über die Situation noch über ihren Unterleib, der einerseits wie eine Blüte wirkt, aufblüht und sich andererseits allmählich auflöst.

Diese Karte steht einerseits für die allgemeine Verführung, die dem Tier widerfahren kann, und andererseits für Triebhaftigkeit und Sexualität.

Gegen Triebe kann das Tier nicht an, das sollte der Fragesteller bedenken. Bei einem nicht kastrierten Rüden zum Beispiel versagt jede Erziehung, wenn ihn ein heißes Weibchen lockt. Ein Hund, der mit Katzen lebt, wird immer in Versuchung geraten, das Katzenfutter zu stehlen, es sei denn, es existiert eine Kinder- bzw. Hundetür, die es ihm unmöglich macht, das Futter zu erreichen. Alles andere könnte in Quälerei ausarten, denn der Fresstrieb ist ebenfalls ein naturgegebener Trieb, gegen den kaum ein nicht menschliches Wesen ankämpfen kann und dem der Mensch das Tier nicht aussetzen sollte.

Ein Rennhund wird rennen und des Öfteren auch zu weit und zu lange wegbleiben, weil seine Gene es ihm vorgeben – es sei denn, der Fresstrieb ist stärker ausgebildet. In diesem Fall könnte der Fragesteller ihn mit besonders ausgefallenen Leckereien, die er ständig bei sich trägt, anlocken und dazu bringen, in der Nähe zu bleiben.

Die Karte zeigt an, dass das Tier **unnötigen und starken Versuchungen** ausgesetzt wird und auf keinen Fall sinnlos bestraft werden sollte, falls es dem Reiz nachgibt.
Vielleicht wünscht sich das Tier, um das es sich handelt, ganz allgemein einen Geschlechtspartner, oder es wünscht sich Sex, weil es zum Beispiel rollig oder heiß ist. Es wünscht sich genussreiche Zärtlichkeit, den Austausch von körperlichen und seelischen Empfindungen. Das Tier sehnt sich nach Treue und Bindung.

Die Karte ist einerseits in flammendem, leidenschaftlichem Rot und Orange gehalten, um die Triebe des Tieres deutlich zu symbolisieren. Sie wirkt jedoch auch wie eine erblühende zarte Blume und strahlt, aufgrund der hellen Pastelltöne und des jungen, weichen Gesichtes, Zärtlichkeit aus.
Zwar sagen wir Menschen in völliger Unwissenheit um die komplexen Gefühle unserer Tiere "Die treiben es wie die Tiere!" und meinen damit, dass Tiere sich völlig gefühllos, aggressiv, grob und hemmungslos geschlechtlich betätigen. Wer jedoch mit Tieren lebt, diese um sich birgt, sie beobachtet und mit ihnen mental kommuniziert, weiß, wie charmant, zärtlich und gefühlvoll diese beim Geschlechtsverkehr miteinander umgehen können; Sex kann bei ihnen durchaus mit tiefer, wahrer und echter Liebe verbunden sein. Vor allem gibt es einige Tiergattungen, die sich, im Gegensatz zum Menschen, ein Leben lang in inniger Zuneigung treu bleiben, wie Tauben und Schwäne zum Beispiel.

Die Karte "Verführung" ist also durchaus auch positiv zu sehen. Animalische Triebe auszuleben bereitet nicht nur den meisten Menschen enormes Vergnügen, sondern natürlich auch unseren Tieren.
Die Karte steht sinnbildlich für Erdhaftung, Energie, Lebenslust, Lebenskraft, Vitalität, Eroberungswillen und Leidenschaft.

69 Tod

Qualität: Ende, Abschluss, vollkommene Auflösung, Transformation, Reise in unbewusste Tiefen, Erneuerung, Klarheit, Befreiung, Erlösung, Verschmelzung mit der allliebenden Allmacht, Gerechtigkeit

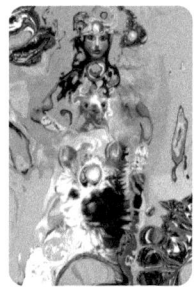 Eine ätherisch wirkende junge Frau mit durchdringendem Blick und angedeutetem Lächeln tritt uns auf diesem Bild selbstbewusst und freundlich entgegen. Ihre Mimik erzeugt den Eindruck von Gelassenheit, Gerechtigkeit, Stärke und Wissen. Ihre Gestalt wirkt unwirklich, da recht transparent und wenig fassbar. Sie scheint sich an manchen Stellen aufzulösen als Sinnbild für den Zustand der Transformation, teilweise ist sie sogar etwas skelettartig dargestellt.

Die Frau ist in zarten Pastellfarben gehalten und trägt ein langes, fließendes, helles Kleid mit Armschmuck. Der Hintergrund scheint zu verschwimmen und sich im Äther aufzulösen. Mit der rechten Hand stützt sie sich auf ein Schwert, mit dessen Hilfe sie das Leben vom Tod trennt.

Die Person symbolisiert weder Mensch noch Tier, sondern steht einzig für den Zustand des Todes, der Transformation, der sich hier positiv offenbart. Eine Aura der Liebe (Rosé) und der kosmischen Verbundenheit sowie Demut (Hellblau-Türkis) umweht sie. Ihre rosarote Herzgegend beweist Liebe, Güte und Energie. Ein Kamel als Sinnbild für Reinheit, Liebe, Energie, Bescheidenheit und Ausdauer schaut aus dem Herzchakra dem Betrachter entgegen.

Die linke Hand stützt sie auf ihre Hüfte als Zeichen der Überlegenheit. Es kommt niemand an ihr vorbei. Ihr Unterleib, das irdische, körperliche Kraftzentrum, das Sonnen-, Milz- und Wurzelchakra umfasst, die allesamt Symbole unserer Erdverhaftung und Sexualität sind, löst sich auf in einem weichen Strudel, der ins Samadhi, ins Nichts führt.

Wer weiter möchte, wird unweigerlich in dieses Nichts gezogen, wo ihn Befreiung von Körperlichkeit und reine Klarheit sowie Lauterkeit erwarten.

Wenn Sie diese Karte für ein Tier ziehen, sollten Sie sich allmählich mit dem Gedanken befassen, dass es diese materielle Ebene rein körperlich in absehbarer Zeit womöglich verlassen wird.

Erschrecken Sie nicht, wenn Sie diese Karte ziehen, denn sie soll nur darauf hinweisen, dass das Tier sein materielles Ende nahen spürt und Sie ihm spirituell Unterstützung bieten könnten. Bis zum Übergang des Tieres kann allerdings noch einige Zeit verstreichen. Je nach Tiergattung und Lebensjahren kann es also noch dauern, bis das Tier seine sterbliche Hülle aufgibt und den Lichtwerdungsprozess anstrebt.

Denken Sie mit Freude an den Transformationsprozess Ihres Tieres, so wie es in vielen Kulturkreisen geschieht. Das Tier wird erlöst von Abhängigkeit, körperlichen Schmerzen und Qual, es darf sich weiter entwickeln und unter Umständen in einer anderen Hülle und Form zu Ihnen zurückkehren, denn: Liebende trennen sich nie. Das Tier spürt Ihre Gedanken. Bereiten Sie es also bitte friedlich und ruhig auf eine neue Reise vor, die es zurückführt zu seinem wahren Ursprung, und begleiten Sie es anschließend noch einige Zeit mit lichtvollen Gedanken und Gebeten, so wie es im Menschenreich ebenfalls in allen Kulturkreisen gehandhabt wird. Das Tier findet sich mittels Ihrer geistigen Hilfe besser in der jenseitigen Welt zurecht. Halten Sie den tierlichen Geist aber nicht künstlich und quälend ans Irdische gebunden, weil Sie zu intensiv trauern und die körperliche Hülle vermissen.

Liegt diese Karte in unmittelbarer Nähe zu einer Partnerschaft, kann sie deren Ende bedeuten. Liegt sie in unmittelbarer Nähe einer Person, könnte die Beziehung zu dieser Person unwiderruflich absterben. In diesem Fall müssten zum Beispiel die "Trennung" und das "Karma" zusätzlich danebenliegen. Liegt die Karte "Tod" in unmittelbarer Nähe einer Situation, zum Beispiel in der Nähe der Karte "Langeweile", versinnbildlicht sie das Absterben der unermesslichen Langeweile. Liegt allerdings wiederum die "Astralreise" neben dem "Tod", so würde dies bedeuten, dass das Tier aufgrund des ewigen eintönigen Trotts stirbt.

Es mag sein, dass das Tier seinen Tod wünscht, wenn Sie diese Karte bei der Frage ziehen: "Was wünscht sich das kranke Tier? Will es leben, oder sollte ich es erlösen lassen?"

Sollten Sie beim Deuten der Karten zweifeln und fragen: "Ist der irdische, materielle Tod, das Aufgeben des Körpers gemeint, oder stirbt eine Situation ab?", und Sie erhalten die Antwort: "Kosmische Kraft", "Loslassen", "Astralreise" oder zum Beispiel "Metamorphose", dann wird das Tier in eine andere Dimension überwechseln. Erhalten Sie jedoch die Antwort: "Schwangerschaft", so wird etwas Neues im Leben des Tieres entstehen. Ziehen Sie die Karte "Träume", so verliert das Tier seine Illusionen, zusammen mit der Karte "Sodomie" endet die Situation des Missbrauchs, und das Tier wird aus seiner misslichen Lage gerettet. Wenn allerdings noch weitere Karten wie "Loslassen", "astrale Reise" oder "Metamorphose" danebenliegen, so kann dies in diesem Fall auch heißen, dass das Tier aus Gründen der Sodomie stirbt. Ziehen Sie infolge dieser Frage die Karte "Mutterliebe", so meint "der Tod", dass die Mutter sich allmählich von ihrem Kind löst.

Diese Karte zeigt die Beendigung von Karma, die Abrundung und Vollendung dessen an, was das Tier hier zu lernen hatte: die kosmische Vereinigung, eine Erneuerung, das unbewusste Streben nach Licht und den Weg zum Licht, eine totale Transformation, das Loslassen, also den irdischen Tod. Sie kann jedoch – wie alle anderen Karten auch – mehrdeutig (je nach Intuition des Fragestellers) interpretiert werden.

GROSSE ARKANA

70 Das verspielte Tier

Qualität: Albernheit, Übermut, Verspieltheit, nicht erwachsen werden wollen, Flucht in kindliche Gefilde, Maskerade, totale Unschuld, Clown

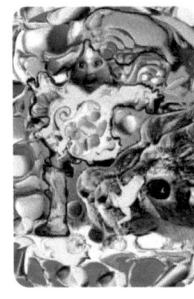

Ein Bild voller Freude, Buntheit, Übermut und kindlicher Aufmachung! Ein lachendes Menschenkind als Symbol für ein Tier springt durch satte Farben und scheint sein Leben zu genießen.

Ziehen Sie diese Karte inmitten vieler anderer und liegt sie neben der Hauptperson, so ist die Bedeutung relativ klar: Das Tier, um das es geht, spielt gern den Clown, um Geltung zu erfahren, die es schmerzlich vermisst. Die umliegenden Karten verdeutlichen den Sachverhalt.

Oder das Tier befindet sich in einer Phase seines Lebens, in der es übermütig umhertollt, sich des Lebens erfreut und einfach nur glücklich ist oder sein möchte, je nach Fragestellung. Vielleicht ist das Tier auch vom Naturell her verspielt, albern und bleibt so, bis sein Lebensende naht. In diesem Fall fördern Sie mit zahlreichen Spielen und viel Spielzeuge sein unbeschwertes Leben.

Es mag auch sein, dass sich das Tier unbewusst in eine Scheinwelt flüchtet – nicht um Geltung zu erfahren, sondern um seinen psychischen Schmerzen zu entgehen, die wodurch auch immer entstanden sind. Auch diese Sachlage wird durch die umliegenden Karten angezeigt; es mag sein, dass zum Beispiel "Grausame Vergangenheit" oder "Sodomie" in der Nähe liegen.

Diese Karte zeigt unter Umständen an, dass ein Tier von Grund auf "naiv" ist. Es gibt Menschen, die ihr Leben lang Versprechungen glauben, immer wieder neue Hoffnung schöpfen und bei allen Missverhältnissen des Lebens voller Zuversicht und guter Laune in den Tag oder die Nacht spazieren. So gibt es natürlich auch unter Tieren Wesenheiten, denen kaum eine missliche Lage etwas anhaben kann. Es sind Stehaufmännchen, die fast grundsätzlich gut gelaunt sind.

Steht diese Karte neben, unter oder über der "Tierlichen Nebenperson" oder beim "Menschlichen Gefährten", so bezieht sie sich auf diese. Ist sie eine Schnittkarte, ein Schnittpunkt zwischen zwei "Personen", so bedeutet sie, dass die Verspieltheit, das Verrücktsein, der fröhliche Übermut beide Personen verbindet.

71 Das liebende Tier

Qualität: liebebedürftig, harmoniesüchtig, voller guter Absichten, Liebe austeilend, Liebe aufnehmend, goldenes Herzchakra, voller Hoffnung auf Besserung der Situation, beschützend, helfend, mitleidvoll, Sozialarbeiter, auf Zweisamkeit bedacht

 Hier sehen wir ein Bild voller Freude und Gemeinsamkeit. Ein menschliches Paar, das Tiere oder ein Tier und einen Menschen symbolisiert, zieht voller Lachen und Vorfreude durchs Leben. Als Symbol für ihre Stärke und ihre Energie fassen beide eine Hyäne an – ein Tier, das bei dieser Karte scheinbar den Weg leitet und verantwortungsvoll und liebend ein Baby im Maul hält. Um das Paar herum sieht man festliche Schleier als Symbol für Werte, und als Synonym für das Paar fungieren die Farben Schwarz und Weiß. Er trägt Schwarz und sie Weiß, gleichsam wie Ying und Yang.

Das Tier, um das es bei der Fragestellung geht, wünscht sich Harmonie, Entwicklung, Ergänzung und Gleichklang mit einem Menschen, was die umliegenden Karten anzeigen dürften, oder es wünscht sich liebevolle Eintracht mit einem anderen Tier.

Es liebt und liebt und liebt ganz und gar unpersönlich sowie uneigennützig, und es wünscht sich, geliebt zu werden. Ob es gleichermaßen Liebe erfährt, zeigen die umliegenden Karten.

Tiere, die extrem und unpersönlich lieben, weisen oft ein goldenes Herzchakra auf, das ich persönlich noch nie bei einem Menschen wahrgenommen habe. Betrachten Sie die Aura des Tieres, und fördern Sie seine Liebesfähigkeit (siehe "Seelenbilder unserer Tiere ... Handbuch zum Deuten der Aura"; detaillierte Angaben zu diesem Buch finden Sie auf S. 183). Loben Sie das Tier bitte, wenn es anderen hilft.

Das Tier setzt sich als Sozialarbeiter ein, hilft anderen und fordert den Menschen auf, sich für andere Tiere oder auch Menschen einzusetzen. Solche Tiere erlebe ich hin und wieder während meines Engagements als Tierkommunikatorin. Enttäuschen Sie solch ein Tier nicht. Tun Sie bitte, was Sie können, um einem anderen Wesen zu helfen. Ihr Tier lechzt danach und findet kaum Ruhe, wenn es dem anderen, um das es sich sorgt, nicht bald besser geht.

Lassen Sie Ihr Tier nicht zu lang allein. Es braucht Gesellschaft, liebende Gesellschaft. Es ist nicht zum Einzelgänger geboren, was nichts mit der Rasse oder der Gattung zu tun hat. Bieten Sie ihm auch die Gesellschaft anderer Tiere, die es mag und die es sich ausgesucht hat.

72 Das abenteuerlustige Tier

Qualität: mutig, waghalsig, ungestüm, intelligent, neugierig, Abenteurer, Welteroberer, autarke Persönlichkeit

 Der Mensch auf dem Bild versinnbildlicht ein Tier. Die weibliche Person fährt waghalsig und glücklich Motorrad, während alles um sie herum verschwimmt und unklar wird.

Eventuell geht es um ein Tier, das einer Gattung angehört, die nicht domestiziert ist, so dass es kaum zu bändigen ist und von Ihnen in seinem Hang zum Übermut und in seiner unermesslichen Energie gefördert werden sollte, die Sie durch Spiele und gemeinsame sowie immer neue Unternehmungen in Bahnen lenken könnten, die ihm entgegenkommen. Auf jeden Fall braucht ein Wesen mit einem solch abenteuerlustigen Charakter viel Unterstützung und immer neue Anreize. Seine Intelligenz will durch Kommunikation und Sport Erweiterung erfahren.

Vielleicht handelt es sich nur um eine Phase, in der das Tier seine Welt erobern und erkunden möchte, die schnell von einer anderen abgelöst wird.

Ist Ihr Tier eine autarke Persönlichkeit? Vielleicht ist es als mutiges und sehr intelligentes Wesen in Ihr Leben getreten, damit Sie eine Veränderung an sich erfahren und zulassen. Eventuell sollen Sie lernen, zu vertrauen, Führung und Kontrolle zu gewissen Zeiten abzugeben, Kompromisse zu schließen, wie sie in jeder funktionierenden Partnerschaft nötig sind, und vor allem mittels der Tierkommunikation Erklärungen zu bieten.

Wenn Sie mit einem solchen Tier leben, sollten Sie besonders auf Schutz, Zäune oder Katzengehege bedacht sein. Sie sollten das Tier, soweit möglich, nie unbeaufsichtigt ins Freie lassen. Auch wenn es intelligent ist – es kennt die Regeln der Menschengesellschaft nicht. Zu leicht könnte bei einem derart übermütigen Tier etwas passieren, das später alle Seiten bereuen.

73 Das ängstliche Tier

Qualität: Sklave, Beute, Opfer, zuweilen Todessehnsucht, Hoffnung auf Verständnis, Sehnsucht nach Stille und Ruhe, ist emotional überfordert, Hoffnung auf Besserung der Situation, Wunsch nach Offenheit, Kontaktbruch

Es zeigt sich uns ein weibliches und puppenhaftes Wesen mit vor Angst und Unsicherheit starrem Blick, der ins Leere geht. Es versinnbildlicht ein Tier, das einerseits offen sein möchte, was die nackte Brust anzeigt, und andererseits nicht über seinen Schatten springen kann oder darf, was die andere mit Kleidung bedeckte Brust anzeigt. Es sitzt steif und mit zugeschnürtem Hals da. Das Kleid der Puppe ist von Stacheln übersät, damit man ihr fernbleibt.

Womöglich ist das Tier von Natur aus ängstlich und schutzsuchend; hier bliebt zu hoffen, dass es durch den Fragesteller oder Lebensgefährten auch Schutz findet. – In meinen übrigen Büchern und während meiner Seminare erläutere ich, wie man ängstlichen Tieren helfend zur Seite stehen und ihnen die Furcht nehmen kann, WENN das Verhalten nicht den Tierhalter spiegelt. (Es würde an dieser Stelle zu weit führen, detailliert darauf einzugehen, beachten Sie aber bitte die Hinweise zu meinen übrigen Veröffentlichungen am Ende des Buches.) Schützen Sie das Tier, trösten Sie es, lassen Sie es nicht allein mit seiner Furcht.

Es mag auch sein, dass das Tier Schreckliches durch Mensch oder Tier erlebt hat. Vielleicht möchte es sehr gern offen, unbelastet und heiter sein, traut sich jedoch noch nicht. Es muss viel Liebe und noch mehr Geduld erfahren, um Mensch oder Tier an sich heranzulassen. Es braucht Ruhe, jedoch keine Einsamkeit oder Stille, aber dennoch das Gefühl, dass jemand Liebevolles in der Nähe ist und es immerzu beschützt. Auch wenn selbst ernannte Tierpsychologen meinen, dass zum Beispiel Hunde ihre Kämpfe unter sich ausmachen: Sie sind für Ihr Tier verantwortlich. Das kleinere Tier verliert natürlich immer und wird unter Umständen fortan ein Angstbeißer sein. Mischen Sie sich ein. Jedes Tier, das ängstlich ist, hat immer einen Grund, sich zu fürchten, auch wenn dieser bereits im Mutterleib angelegt wurde.

Vielleicht handelt es sich um ein Tier, das einen Kontaktbruch erlitten hat, das vermisst wird und mentale, spirituelle und materielle Hilfe benötigt, um mit seiner Angst klarzukommen bzw. diese ein wenig oder ganz zu verlieren.

74 Das rationale Tier

Qualität: Stratege, Philosoph, Forscher, Denker, fühlt sich mental überlegen, ist mental überlegen, ist mental unterfordert

Das Bild zeigt uns als Sinnbild für ein Tier ein Wesen, das ruhig und bedacht in kämpferischer Pose sowie Kleidung abwartet und nachzudenken scheint. Es ist bereit, sich einzusetzen und zu kämpfen, jedoch nicht unüberlegt.

Mit einem solchen Tier sollte der Fragesteller mental diskutieren und Erklärungen für Verbote abgeben. Erklärungen braucht natürlich jedes Tier, um zu verstehen, dieses Tier, um das es hier geht, jedoch besonders.

Es fühlt sich seinem Halter oder anderen Tieren gegenüber überlegen – und mag es vielleicht auch sein. Manchmal entschuldige ich mich während der Konsultationen für das unsensible, wenig durchdachte, dümmliche und unkritische Gehabe der Halter beim Tier, das mir zuweilen wesentlich intelligenter erscheint als der zugehörige Mensch. Bieten Sie dem Tier wenigstens viel Abwechslung, arbeiten Sie an sich selbst und nehmen Sie sich in mancherlei Hinsicht ein Beispiel am Tier. Die umliegenden Karten und Zusatzkarten zeigen die betreffenden Bereiche an.

Das Tier mag zwar bei einem Menschen leben, der sehr auf es eingeht und mit emotionaler und rationaler Intelligenz gesegnet ist, mental ist es jedoch völlig unterfordert. In diesem Fall könnte der Fragesteller dem Tier positive Geschichten vorlesen. Tiere verstehen diese extensiv, wenn der Halter tierkommunikatorisch geschult ist oder konzentriert und mit Bildern unterlegt bewusst vorliest.

Dieses Tier versucht, die Welt zu ergründen, indem es alles und jeden untersucht. Buddeln sieht für uns Menschen nicht sehr intelligent aus, jedoch versucht das Tier durch mancherlei Gerüche an Ursachen zu kommen. Es taucht im Wasser und untersucht es, wundert sich, dass tote Tiere, die es retten will, nicht zum Leben zu erwecken sind, dass angebellte Eichhörnchen, die es nur begrüßen und nicht fressen möchte, weglaufen. Solch ein Tier wird oft beschmunzelt, braucht jedoch wie ein kleines Menschenkind für alles Erklärungen. Es will viel erleben, viel verstehen, ständig unterwegs sein und beobachten dürfen.

Ein solches Tier lebt oftmals gern vegetarisch, auch wenn es von seinen körperlichen Attributen her ein Aasfresser ist, falls wir ihm erläutern, worum es dabei geht.

75 Das mütterliche Tier

Qualität: Erzieher, Aufzieher, warmherzig, weich, liebend, mitfühlend, verantwortungsvoll, aufopfernd, zärtlich, energisch

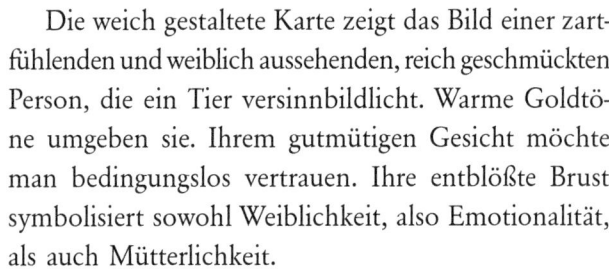

Die weich gestaltete Karte zeigt das Bild einer zartfühlenden und weiblich aussehenden, reich geschmückten Person, die ein Tier versinnbildlicht. Warme Goldtöne umgeben sie. Ihrem gutmütigen Gesicht möchte man bedingungslos vertrauen. Ihre entblößte Brust symbolisiert sowohl Weiblichkeit, also Emotionalität, als auch Mütterlichkeit.

Das Tier, um das es hier geht, möchte Junge, oder es vermisst seine Jungen. Es nährt auch mütterliche Gefühle anderen Tieren gegenüber, die es beschützen und behüten möchte. Natürlich kann dies auch auf ein männliches Tier zutreffen.

Es mag zudem sein, dass das Tier mütterliche und beschützende Gefühle seinem menschlichen Partner gegenüber hegt, was die umliegenden Karten anzeigen würden.

Es braucht mütterliche Gefühle von anderen. Vielleicht muss es immerzu stark sein, beschützen, behüten oder einen Beruf ausüben, zum Beispiel Wachhund, Blindenhund, Altenheimtier oder Drogenhund. Vielleicht muss es auch als Zirkustier herhalten. Solche Tiere darben meist und vermissen den Schutz und die warme Mütterlichkeit eines Menschen. Ob dem in diesem Fall so ist, zeigen die umliegenden Karten.

76 Das kämpferische Tier

Qualität: triebhaft, emotional, Sinn für Gerechtigkeit, angriffslustig, aggressiv, streitbar, impulsiv

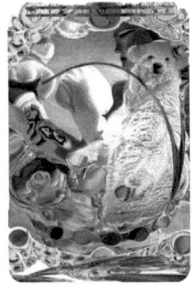 Ein Bild voller Kühle, das eine Frau, die boxt, als Sinnbild für ein Tier darstellt.

Das Tier setzt sich ein für Gerechtigkeit. Da es mental selten von Menschen verstanden wird, macht es seinem Unmut bellend, wiehernd oder wie auch immer Luft. Viele Tiere ertragen es nicht, wenn sie beim Quälen von anderen Tiere zusehen müssen und greifen Menschen oder andere Tiere an, obwohl sie normalerweise nicht aggressiv sind.

Das Tier mag aggressiv gemacht worden sein durch Menschen, die ihm Leid zufügten oder es entsprechend als Kampfhund, Kampfhahn oder Polizeihund ausbildeten. Ob und wie das Tier psychisch damit klarkommt, zeigen die umliegenden Karten an. Manche Tiere werden gelobt, wenn sie andere verjagen, und lernen somit das ewige Kämpfen – besonders um die Gunst des Halters.

Das Tier kämpft unbewusst gegen eine Situation an, die in den umliegenden Karten oder durch Zusatzkarten angezeigt wird.

Das Tier kämpft bewusst um Liebe, Zuneigung und mehr Geltung. Auch eine Katze, die in die Wohnung uriniert, kämpft mittels dieses Hilfeschreis um etwas. Geben Sie dem Tier, was es braucht, sofern dies möglich ist, oder erklären Sie zumindest, warum es seinen Wunsch nicht erfüllt bekommen kann. Geben Sie ihm stattdessen jedoch etwas anderes, was ihm sehr gefallen könnte.

77 Das verträumte Tier

Qualität: Träumer, Philosoph, Flucht aus der Wirklichkeit, Vergangenheitsbewältigung, fantasievoll, mental unausgelastet, spirituell unausgelastet, verspielt, gutmütig, liebevoll, idealistisch, lethargisch

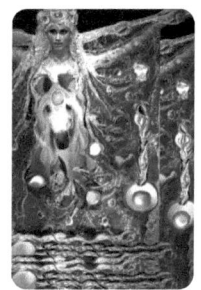

Ein Bild, das die Verschmelzung von Mensch und Tier oder von zwei Tieren andeutet. Die weibliche Person versinnbildlicht ein Tier. Sie entschwebt der Realität in ein Reich voller Seifenblasen und Schmuckstücke. Im Hintergrund deutet sich eine andere, eine verschobene Realität an.

So wie es Menschen gibt, die eher selbstvergessen ihr Leben bewältigen, so gibt es natürlich auch verträumte Tiere. Das Tier, um das es geht, träumt gern. Es gleitet zuweilen in Wunschvorstellungen ab. Meist ist ein solches Tier zugleich auch sehr intelligent.

Das Tier ist von Natur aus lieb, gutmütig und ein wenig zerstreut. Vielleicht ist es aber auch nicht von Natur aus lethargisch und traumverloren, sondern spiegelt nur seinen Halter wider.

Das Tier entflieht einer Gegenwart, die entweder grausam ist oder einfach zu langweilig, was an psychische Grausamkeit grenzen kann.

Ein verträumtes Tier hat oft eine Vorliebe für spirituelle Inhalte. Lesen Sie ihm spirituelle Geschichten tierkommunikatorisch vor, lassen Sie es spirituelle Musik leise hören, meditieren Sie und beziehen Sie es ein. Solche Tiere laben sich an Mantren und aalen sich in der Gesellschaft von meditierenden Menschen.

Das Tier mag weniger spirituell als mental unausgelastet sein, was Sie mittels Zusatzkarten erfragen können. Es muss mehr erleben, mehr erfahren, mehr teilhaben an allen Dingen, die der Lebensgefährte tut.

78 Das genießende Tier

Qualität: Genießer, Feinschmecker, Naschkatze, Vielfraß, musisch oder künstlerisch interessiert, sinnlich, erotisch, sexuell interessiert, triebhaft, lebensfroh, heiter, eitel

 Ein Gemälde, das vor Sinneslust nur so erstrahlt. Überall weiche, seidene, warme Farben und Stoffe, Gold und Edelsteine, Rosen und eine sinnliche Frau, die von drei Männern verwöhnt wird. Die Menschen symbolisieren Tiere.

Das Tier sehnt sich nach Sinnesfreuden, liebt das Essen, liebt es zu lieben, frönt seinen Trieben, die es aber nicht ausleben darf. Alles in allem liegt eine unerfüllte Sehnsucht vor, die sich quälend auswirkt, was die umliegenden Karten anzeigen müssten. Dieses Sehnen überschattet momentan das Leben des Tieres.

Das Tier lebt seine Triebe aus. Es darf fressen, spielen, lieben, wird geliebt, genießt vielleicht auch sexuelle Aktivitäten und geht voll darin auf.

Es mag sein, dass es Musik liebt und sich für Farben und Formen interessiert, also im weitesten Sinn künstlerisch interessiert ist. Es gibt so manches Tier, das durch malerische Aktivitäten berühmt wurde. Wenn nicht gerade der erste Punkt zutrifft, sind derartige Tiere oft froh, heiter und glücklich.

LEGESYSTEME

Grundlegendes

Wer sich dieses Kartenspiel gekauft hat, wird sicherlich mit anderen - den Menschen betreffenden - Tarotspielen ein wenig Übung haben. Er weiß also, dass der Fragende, wenn er emotional und nicht neutral fragt, genau die Antwort erhält, die er erwartet. Bin ich als fragende Person demnach zu gespannt, zu erregt und zu gefühlsbetont, sollte ich unbedingt eine neutrale Person die Karten ziehen lassen. ABER: Auch in diesem Fall können die starken Emotionen, die Ängste, die Sorgen, die Eifersucht, die Wut oder die Not, die Freude, die Liebe und die Hoffnung des Fragenden sich auf den auswirken, der die Karten zieht. Ich empfehle dem Fragenden dringend, sich im Loslassen und in Gelassenheit zu üben und dem Menschen, der die Karten zieht, keine Gedanken zu senden, die die Frage betreffen. Stellen Sie die Frage, und denken Sie an etwas Beruhigendes, etwas, das sie weder positiv noch negativ erregt - nur nicht an Ihr Tier.

Schreiben Sie die Fragen und die erhaltenen Antworten auf, denn allzu leicht geraten interessante Lösungsansätze, um Probleme zu bereinigen, in Vergessenheit. Es geht bei diesem Tarot nicht um Ihr Leben als Mensch, das sie im Großen und Ganzen weitgehend selbst gestalten können, sondern um das Leben eines völlig hilflosen Geschöpfes, das ganz und gar von Ihrem Handeln abhängt.

Bedenken Sie zudem bitte immer wieder, dass es sich um ein Spiel handelt, und egal, wer die Karten zieht, die Antworten sollten sehr kritisch analysiert werden, bevor Sie diese als Ratschläge für ein hilfloses Tier anwenden.

Jede Karte weist unterschiedliche Ansätze auf. Welchen Sie im Einzelnen in Betracht ziehen sollten, wird Ihnen Ihr Bauchgefühl, Ihre Intuition zeigen.

Schaffen Sie eine ruhige, angenehme Atmosphäre, bevor Sie die Spielkarten legen. Meditieren Sie ein wenig, und bitten Sie eine höhere Macht, die kosmische, allintelligente, allweise, allliebende, allfühlende, allwissende und allhörende Lichtenergie, Ihnen durch das Legen der Karten mehr Intuition und Sensitivität zu verleihen, Ihre irdischen und übersinnlichen Sinne zu schärfen und Ihr Handeln dem Tier gegenüber ethisch und wertvoll zu gestalten. Nach der Session bedanken Sie sich bitte bei dieser kosmischen Kraft.

Es wäre sinnvoll, die Karten immer am gleichen Ort in einer schönen Dose oder einem hübschen Säckchen aufzubewahren.

Vielleicht sehen Sie sich auch zunächst alle 78 Karten an, um damit ein wenig vertraut zu werden. Lassen Sie positive Energie hineinfließen, und betrachten Sie die Karten als etwas Heiliges, Lichtvolles. Bedenken Sie bitte, dass Ihre Energie in den Karten steckt, reichen Sie diese daher nicht an andere weiter; die Frequenz ginge verloren. Wenn Sie zur Not, weil Sie selbst zu aufgeregt oder subjektiv befangen sind, andere die Karten ziehen lassen, wählen Sie diese Personen gut aus. Sie müssen die Angelegenheit ernst nehmen und Ihren Fragen objektiv gegenüberstehen. Nachdem jemand anderes die Karten für Sie und für Ihr Tier gezogen hat, entoden Sie das Set bitte. Bitten Sie darum, dass die Karten wieder Ihre ureigene Schwingung annehmen, und legen Sie einen sauberen Bleikristall darauf oder das Bild einer großen Persönlichkeit, eines Avatars zum Beispiel.

Wenn Sie Kerzen lieben, entzünden Sie welche; in der Gegenwart von Tieren sollten Sie jedoch zu deren Schutz bitte nur Kerzen verwenden, die oben geschlossen sind (Windlichter beispielsweise).

Angenehme Düfte sorgen für Entspannung. Zigarettenrauch und Alkohol oder Unrat auf dem Tisch, auf dem die Karten gezogen werden, finde ich persönlich unpassend, Fleisch in unmittelbarer Nähe mutiert von Sekunde zu Sekunde immer mehr zu Aas, das ebenfalls nicht gerade eine spirituelle Stimmung erzeugt und uns Menschen negativ beeinflussen könnte.

Sofern es Sie nicht stört, untermalen Sie Ihre Session mit weicher sowie leiser Musik, und verbinden Sie sich gedanklich mit dem Universum und der allliebenden Kraft, die Sie führen wird.

Stellen Sie Fragen zu Ihrem eigenen Tier. Handelt es sich nicht gerade um einen Elefanten, lassen Sie es im Raum anwesend sein. Nennen Sie - während des Spieles bei der Fragestellung - grundsätzlich den Namen des Tieres, sofern Sie ihn wissen.

Auf präzise Fragen erhalten Sie genaue Antworten. Stellen Sie nicht mehrmals die gleiche Frage, denn die erste Antwort ist im Allgemeinen die korrekte.

Sobald Sie bemerken, dass Sie emotional werden, dass bestimmte Antworten Sie sehr erfreuen oder schockieren, warten Sie ab, bis Sie ruhiger sind, und stellen Sie bitte erst dann die nächste Frage. Im mental erregten Zustand zapfen Sie nicht nur schlecht das Quantenhologramm an, sondern erhalten zumeist wertlose Antworten, die Ihrem Unterbewusstsein entstammen. Gehen Sie in die Entspannung, warten Sie, bis Sie innerlich gelassen, fast gleichgültig werden, und fragen Sie weiter. Oder lassen Sie eine völlig neutrale Person die Karten gemäß Ihren Fragen ziehen. Reichern Sie diese jedoch nicht mit Ihren Sorgen oder freudvollen Gedanken an, sondern stellen Sie die Frage, und denken Sie sofort an etwas völlig anderes.

Das Auslegen der Karten

Sie fächern alle Karten des Spiels unaufgedeckt auf und ziehen, um etwas über die Geschehnisse, die Vergangenheit, die unmittelbare Gegenwart und die Zukunft des Tieres, um das es geht, zu erfahren, so viele Karten, wie Sie meinen, ziehen zu müssen. Je mehr Karten Sie ziehen, umso deutlicher wird das Gesamtbild.

Zuerst stellen Sie der kosmischen Intelligenz die Frage. Während des Ziehens jedoch werden Sie mental vollkommen leer und gleichgültig, ersehnen nichts und denken an nichts. Erwarten Sie nämlich eine bestimmte Antwort, werden Sie diese auch ziehen. Diese Erwartung, diese Hoffnung, Vorfreude oder Befürchtung entstammt jedoch nur Ihrem Unterbewusstsein und hat absolut nichts mit dem zu tun, was das Quantenhologramm zum Leben des Tieres enthüllen würde.

Während des Ziehens der Karten legen Sie diese zunächst unaufgedeckt chronologisch **übereinander**. Erst wenn Sie alle Karten gezogen haben, decken Sie sie auf und legen sie nebeneinander. Es kann sein, dass später, nach dem Auslegen der Tarotkarten, vier Reihen mit je sechs Karten vor Ihnen liegen oder zum Beispiel drei Reihen mit je fünf Karten, wie auch immer.

Lassen Sie sich von der kosmischen Allmacht führen! Bitten Sie darum, dass es Ihnen durch das Auslegen der Spielkarten möglich wird, dem Tier helfend zur Seite stehen.

Beispiel:

1	2	3	4	5
6	7	8	9	10
11	12	13	14	15

Anschließend interpretieren Sie bitte der Reihe nach die einzelnen Karten von links nach rechts und bringen die Bedeutungen der Karten zueinander in Beziehung.

Danach deuten Sie die Karten zusätzlich wie unten beschrieben, um ein umfassendes Bild von den psychischen wie auch von den körperlichen Unabwägbarkeiten und von den materiellen Geschehnissen um das Tier herum zu erhalten. Sie beziehen dabei Karte 1 auf Karte 15, Karte 2 auf Karte 14, Karte 3 auf Karte 13, Karte 4 auf Karte 12 usw. Schließlich setzen Sie die Bedeutung der Karte 6 mit der der Karte 10 in Verbindung, die der 7 mit der Karte 9. Karte 8 wäre in unserem Beispiel die Hauptkarte, die eine wesentliche Rolle im Leben des Tieres spielt oder gespielt hat. Haben Sie zum Beispiel nur 14 Karten gezogen, bitten Sie um eine weitere sinnvolle Karte.

Arbeiten Sie bitte sowohl mit Überlegung als auch mit viel Intuition beim Auslegen der Spielkarten. Sollten Fragen zu einzelnen Karten aufkommen, die Sie nicht zu deuten in der Lage sind, stellen Sie bitte Zusatzfragen. (Die Bedeutung des Ziehens von Zusatzkarten wird weiter unten beschrieben.)

Möchten Sie etwas zur Vergangenheit des Tieres erfahren, so legen Sie die Karten wie oben beschrieben aus, und deuten Sie diese nur hinsichtlich der Historie des Tieres. Vermischen Sie die Vergangenheit innerhalb eines Legesystems nicht mit der Zukunft. Formulieren Sie Ihren Wunsch also deutlich.

Ja- / Nein-Fragen

Vermeiden Sie es bitte, "Ja- / Nein-Fragen" zu stellen. Fragen Sie zum Beispiel nicht: "Geht es meinem Papagei Hannes gut?", sondern stellen Sie die Frage folgendermaßen: "Wie geht es Hannes?" Fragen Sie nicht: "Liebt mich mein Hamster Hannibal?", sondern: "Wie steht Hannibal zu mir?" Fragen Sie nicht: "Möchte unsere Katze Mohrle nach der Scheidung zu mir oder zu meinem Mann?", sondern ermitteln Sie einzeln: "Wie steht Mohrle zu mir?" Ziehen Sie einige Karten, und schreiben Sie die Antwort auf. Mischen Sie die gezogenen Karten unter das Spiel, und vergleichen Sie: "Wie steht Mohrle zu meinem Mann?" und: "Wie wird mein Mann Mohrle behandeln?" "Wie verläuft Mohrles Leben bei ihm?" Ziehen Sie einige Karten, merken Sie sich die Antwort, oder schreiben Sie diese auf. Fragen Sie anschließend: "Wie wird Mohrles Leben sich bei mir entwickeln?" Mischen Sie nach jeder Antwort die Fragen wieder unter das Spiel.

Sie erhalten detaillierte Auskünfte, wenn Sie mehrere Karten ziehen. Wie viele Tarotkarten Sie schließlich ziehen, überlasse ich Ihrer Intuition. Sie mögen eine oder vielleicht drei oder zehn Karten auslegen. Sollte die Antwort Ihnen nicht klar sein, ziehen Sie bitte Zusatzkarten.

Beispiel zum Ziehen von Zusatzkarten

Zusatzkarten ziehen Sie, um einzelne, Ihnen unklare Karten innerhalb eines Legesystems näher erläutert zu bekommen. Diese zusätzlichen Karten legen Sie bitte auf die Karte, die Ihnen unklar erscheint. Verstehen Sie die Antwort noch immer nicht, ziehen Sie weitere Spielkarten.

Möchten Sie lediglich eine bestimmte Frage beantwortet bekommen, fächern Sie alle 78 Spielkarten nach dem Mischen auf, stellen die Frage an das allintelligente und allwissende Universum und ziehen anschließend bitte so viele Tarotkarten, wie Sie fühlen, ziehen zu müssen.

Noch einmal: Dabei machen Sie sich mental vollkommen leer, erwarten nichts und denken während des Ziehens der Karten an nichts; erwarten Sie nämlich eine bestimmte Antwort, werden Sie diese auch ziehen. Diese starke Emotion, diese Erwartung, diese Hoffnung, Vorfreude oder Befürchtung entstammt jedoch nur Ihrem Unterbewusstsein und hat absolut nichts mit dem zu tun, was das Quantenhologramm zum Leben des Tieres enthüllen würde.

Während des Ziehens der Karten legen Sie diese zunächst unaufgedeckt **nebeneinander**. Erst wenn Sie alle Karten gezogen haben, decken Sie diese auf.

Frage:
"Wie wird sich das aus einer Legebatterie gerettete Huhn Elfriede bei uns im Kreise der anderen Hühner entwickeln?"

Sie ziehen intuitiv vier Spielkarten, es mögen auch mehr oder weniger sein:

- Grausame Vergangenheit
- Kontaktbruch
- Psychische Krankheit
- Einsamkeit

Dass das Tier eine quälende Vergangenheit hatte, war Ihnen bereits bekannt. Es schadet jedoch nicht, den Text zur Karte zu lesen, denn oft wird Ihnen erst beim Lesen bewusst, wie es dem Tier ergangen sein muss. Sie erhalten somit eine engere, intensivere und liebevollere Verbindung zu dem Huhn.

Sie lesen den Text zur Karte "Kontaktbruch" und erkennen, dass das Huhn sich fürchtet und in der neuen Umgebung Angst und Unsicherheit verspürt, dass es gerne aus der unschönen Situation heraus möchte, jedoch beim besten Willen nicht auf die neuen Hühner zugehen kann.

Der Begleittext zum Thema "psychische Krankheit" macht noch einmal deutlich, dass Elfriede tatsächlich sehr leidet und vielleicht dank ihrer unbearbeiteten Vergangenheit oder aus anderen Gründen krank wurde. Welche anderen Gründe existieren, könnten Sie natürlich auch mit Hilfe einiger Zusatzkarten erforschen.

Gemäß der vierten Karte interpretieren Sie, dass Elfriede einsam zu sein scheint und Hilfe benötigt. Das reicht Ihnen natürlich nicht, denn Sie möchten wissen, welche anderen Gründe vorliegen, dass Elfriede so verstört ist. Nun ziehen Sie bitte, um die zweite Karte näher zu verstehen, eine weitere Karte. Sie ziehen zum Beispiel **"Eisige Verbindung"**. Das verstehen Sie wieder nicht, also fragen Sie weiter und ziehen, ganz intuitiv, eine oder zwei Zusatzkarten, beispielsweise:

- Unterdrückung
- Familie

Nun können Sie sich ein Bild machen. Das Huhn leidet unter dem Kontaktbruch und wird vielleicht gerade deshalb nicht in den Kreis der anderen aufgenommen, denn diese bilden die neue Familie.

Als Nächstes fragen Sie:
"Was kann ich tun, damit Elfriede glücklich wird?"

Eigentlich liegt die Antwort nahe, denn Sie sollten zwischen dem neuen Huhn und der übrigen Hühnerfamilie mental vermitteln. Wenn Sie jedoch dazu – aus welchen Gründen auch immer – nicht oder noch nicht in der Lage sind, ermitteln Sie weiter und erhalten z. B. die Antwort:

- Menschlicher Gefährte
- Zärtlichkeit
- Freundschaft

Diese Auskunft macht deutlich, dass Sie sich als Mensch und Freund mit Zärtlichkeit um das Tier kümmern sollten. Damit lösen Sie jedoch unter Umständen noch nicht die Ursache für Elfriedes Unglück. Die gesamte Hühnerschar müsste dazu gebracht werden, das neue Huhn zu akzeptieren. Also fragen Sie:
"Was kann ich tun, damit unsere übrigen Hühner Elfriede annehmen?"

Sie ziehen intuitiv beispielsweise drei Karten, es könnten natürlich auch mehr oder weniger sein:

- Schnelligkeit
- Kosmische Kraft
- Metamorphose

Augenscheinlich deuten die Karten darauf hin, dass mit Hilfe der unpersönlichen, kosmischen Liebe und Weisheit das Problem schnell gelöst wird und die bisher unfreundliche Verbindung der Hühner untereinander eine Veränderung erfährt. Natürlich müssten Sie – gemäß dem zur Karte gehörenden Textteil – die kosmische Kraft mit Gebet oder Meditation unterstützen.

Die Bedeutung der Karten, die Sie gezogen haben, schreiben Sie nieder und erkennen spätestens jetzt, dass sich durch Ihre Zärtlichkeit, die Sie Elfriede von nun an vermehrt zukommen lassen, der Kontaktbruch löst, Elfriede offener wird, dass – wie im Begleittext dargelegt – durch Energiearbeit, das Rezitieren von Mantren oder durch Ihre lichtvollen und positiv ausgerichteten Gebete das Huhn den Schrecken seiner Vergangenheit überwindet und dass die anderen Hühner, die ebenfalls von Ihrer Lichtarbeit profitieren, sich nun geneigt fühlen, Elfriede in ihre Gemeinschaft aufzunehmen.

Danken Sie bitte der allliebenden Intelligenz für Ihre Hilfe!

Möchten Sie ganz bewusst mehr über Elfriedes charakterliche Entwicklung bei Ihnen erfahren, ziehen Sie weitere Karten. Vielleicht ziehen Sie eine der Karten der großen Arkana oder mehrere. Wenn Sie "Das ängstliche Tier" gezogen haben, ist die Sache ohnehin eindeutig: Dass das Huhn sich momentan fürchtet, wissen Sie. Kommen jedoch weitere Karten wie "Das verspielte Tier" oder "Das genießende Tier" hinzu, erfahren Sie nun, welche Charaktereigenschaften bei Elfriede grundsätzlich angelegt sind und dass das Tier eine famose Entwicklung machen wird, sofern Sie diese fördern.

Ziehen Sie Karten, bei denen zum Beispiel die Karte "Das abenteuerlustige Tier" neben anderen Karten der Kleinen oder Großen Arkana liegt, wissen Sie ja bereits, dass Elfriede die Angst verlieren wird und aufgenommen wird in die Hühnergemeinschaft. Sie kann aber auch in mancherlei gefährliche Situation schlittern, weil sie vielleicht unbedacht und impulsiv über Zäune flattert, den Nachbarshund begrüßen möchte oder sich zu gern von der Gruppe entfernt, um die Welt allein zu erkunden und so vielleicht abends den Weg in den Schutz des Stalles oder Hauses nicht mehr findet. Das heißt für Sie, dass Sie Vorsorge treffen müssen.

Ob die Belehrungen und Antworten der Karten ernst zu nehmen und zu befolgen sind, hängt nicht davon ab, wie Sie die Karten ausgelegt haben, sondern vielmehr davon, wie Sie die Frage formuliert haben und wie es um Ihren psychischen Zustand während des Auslegens der Karten bestellt war.

Wie erwähnt, eine von Erwartungen durchtränkte Frage wird Ihren Wunsch im Kartenbild widerspiegeln, jedoch nicht die zukünftige Entwicklung oder die tatsächliche Vergangenheit Ihres Tieres aufzeigen. Eine dümmlich gestellte Frage verdient eine dumme Antwort, eine deutliche Frage eine deutliche Antwort. Eine Frage, die nur zum Spaß gestellt wurde, verdient eine alberne Antwort. Eine Frage, die immer wiederholt gestellt wird, wird nur beim ersten Mal richtig beantwortet.

Die Legesysteme

»Das Kreuz«

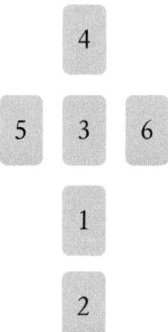

Dieses System erteilt kurze Aussagen und ist vielseitig verwendbar.

Typische Fragen:
- *Was ist für das Tier Pitti von Bedeutung?*
- *Wie fühlt es sich?*
- *Was denkt Pitti?*
- *Was wird in seinem Leben in nächster Zeit Auffälliges passieren?*
- *Was sollte der menschliche Gefährte von Pitti tun?*
- *Was sollte dieser vermeiden?*

Ein Antwortbeispiel:
- Zugehörigkeit
- Assimilierung
- Gefangenschaft
- Metamorphose
- Loslassen
- Fremdbeeinflussung

Mögliche Deutung der Antwort:
Für das Tier ist es wichtig, beachtet zu werden und sich vorurteilsfrei aufgenommen zu fühlen. Es möchte in einer Gemeinschaft leben, der es sich zugehörig fühlt. Das Geschöpf muss sich grauenvoll verrenken, ohne Anerkennung zu finden, obwohl es sich sehr bemüht und sein Bestes gibt. Es würde seine Situation gern ändern, in der es sich hoffnungslos begrenzt, unverstanden und gefangen fühlt.

Augenscheinlich ändert sich sein Leben in nächster Zeit grundlegend. Der menschliche Gefährte sieht ein, dass er das Tier oder die Anforderungen, die er an das Geschöpf stellt, aufgeben muss. Er begreift, dass er seine manipulativen, negativen und bedrohlichen Gedanken ändern oder das Tier vor Menschen schützen muss, die es mental bedrohen.

Zusatzkarten erläutern näher, worum es sich genau handelt. Wichtig ist, dass der Fragesteller die Karten 4, 5 und 6 aufeinander bezieht. Die Zukunft des Tieres hängt sehr vom Verhalten des menschlichen Gefährten ab.

»Die Fünf«

Ein sehr einfaches System, das sich auf Verhaltensprobleme und die Vergangenheit des Tieres bezieht:

Lesen Sie bitte in Ruhe den Text zur jeweiligen Karte. Stellen Sie keine Fragen, deren Antwort Sie bereits kennen, oder Ähnliches, denn Sie wissen, dass einfältige Fragen ebensolche Antworten nach sich ziehen.

Typische Fragen:
- *Wie empfand mein Tier Klaus seine Vergangenheit?*
- *Wie empfindet Klaus das Leben bei mir oder uns?*
- *Welche Auswirkungen hat die Vergangenheit?*
- *Wie kann ich Klaus helfen?*
- *(Wir beziehen Karte 1 und Karte 4 aufeinander:) Was wünscht sich Klaus von mir?*
- *(Wir beziehen Karte 2 und Karte 3 aufeinander): Was wünscht sich Klaus vom Leben, um seine Verhaltensauffälligkeit aufzugeben?*
- *Gibt es eine weitere Hilfestellung, die ich Klaus anbieten kann?*

Antwortbeispiel:
- Trennung
- Freundschaft
- Trennungsangst
- Beständigkeit
- Mutterliebe

Mögliche Deutung der Antwort:
Die Vergangenheit wurde von unliebsamen Trennungen geprägt. Zu Ihnen baut das Tier allmählich sowohl Vertrauen als auch zarte Freundschaftsbande auf und fühlt sich dementsprechend wohl, doch natürlich kann das Trauma der Vergangenheit nicht von heute auf morgen beigelegt werden. Geben Sie dem Tier das Gefühl von Beständigkeit, betonen Sie immer wieder, dass, gleichgültig, was passiert, es bleiben darf, und handeln Sie entsprechend.

Alles, was das Tier nun braucht, ist das Gefühl von Treue und Zugehörigkeit für den Rest seines Lebens, um sein Verhalten zu verändern. Je mehr und tiefer die Freundschaftsbande gedeihen, umso stärker entwickelt sich logischerweise die Trennungsangst, denn nun hat es erst recht Furcht, dieses bisher unbekannte angenehme Gefühl wieder aufgeben zu müssen. In diesem Fall braucht das Tier keine spirituelle Unterstützung, keine unpersönliche, kosmische Liebe, sondern schlicht und einfach die extrem aufopfernde, immer verständnisvolle Liebe einer Mutter, die es unter Umständen nie bekam.

Natürlich können Sie dieses System gern ausweiten, sollten Ihnen die Antworten nicht genügen.

»Spiel mit der Großen Arkana«

Sie nehmen alle neun Karten der Großen Arkana aus dem Spielset und können nun im weitesten Sinne erfragen, welchen Charakter Ihr Tier besitzt, wobei sich natürlich im Laufe des Lebens Charaktereigenschaften verändern, so dass ein Attribut, das vorher vorrangig und ausgeprägt war, schließlich in den Hintergrund tritt und ein anderes dafür im Vordergrund steht.

Vielleicht möchten Sie wissen, mit welchem Charakter Ihr Tier gern einvernehmlich leben möchte, sollten Sie sich ein neues Tier anschaffen wollen. Tierkommunikatorisch werden Sie kaum eine Antwort erhalten, denn das Tier kann nicht äußern, mit wem es leben möchte. Es muss das andere Tier "ausprobieren", was aber dem gegenüber unfair wäre. Denn auch das neue Tier sucht sicher ein stabiles und langfristiges Zuhause und würde ungern als soziales Versuchstier missbraucht werden. Auch diese Situation ist mit unserer menschlichen zu vergleichen. Ein einsamer Mensch wünscht sich zwar Gesellschaft, aber diese möchte er sich bitte aussuchen. Sie muss "chemisch" passen, es muss ausprobiert werden. – Mittels der Karten könnten Sie nun erfragen, welcher Charakter zu Ihrem Tier passt, worauf Sie zu achten haben und ob das Tier, das Sie im Kopf haben, passen könnte. Wenn Ihr Tier ein Abenteurer ist, sagt ihm beispielsweise ein ängstliches Tier nicht unbedingt zu.

Auch hier müssen Sie sowohl Ihre Intuition und Lebenserfahrung als auch die umliegenden Karten oder die Zusatzkarten mit einbeziehen.

Ich wünsche Ihnen viel Spaß und Erfolg beim Legen der Karten als Unterstützung zur Tierkommunikation. Ihrem Tier wünsche ich viel Verständnis, Einfühlungsvermögen und Zuneigung von Ihnen. Mittels der von Ihnen gezogenen und intuitiv richtig gedeuteten Karten hoffe ich, dass es sowohl eine Förderung seiner Fähig- und Fertigkeiten als auch eine Erhöhung seiner Lebensqualität erfährt.

KONTAKT ZUR AUTORIN

Gudrun Weerasinghe
E-Mail: info@arthealing.de
Web: www.tierkommunikationswissenschaft.de

ARTHEALING-KUNST

An Gudrun Weerasinghes Kunstwerken "**Arthealing** / angewandtes ethisches Bewusstseinsdesign" (urheberrechtlich geschützt) können Sie sich auf ihrer Homepage www.arthealing.de erfreuen. Dort erhalten Sie mannigfaltige Informationen – sowohl was ihren künstlerischen Werdegang angeht als auch bezüglich ihrer internationalen Ausstellungen, ihrer Publikationen und ihrer Philosophie.

Alle **78 Gemälde, Tarotkarten sowie die Coverkarten** dieses Sets sind als digitale und exklusive **Unikate** mit Künstlerunterschrift und **Zertifikat** als Dia Sec oder auf Leinwand in der Größe Ihrer Wahl bis 2,50 m käuflich und unter der oben angegebenen Kontaktadresse zu erwerben. Alle Bilder dieses Sets unterliegen dem **Urheberrecht**. Sie sind ohne oder mit implantierten Infos (magnetisiert, d. h. als Arthealing-Werke) erhältlich.

SEMINARE, KONSULTATIONEN, CHANNELINGS UND TAROT

Informationen zu Seminaren, die Gudrun Weerasinghe bezüglich der Bereiche "Tiertarot", "Tierkommunikation", "Aurasehen", "Channeling" und "spirituelles Malen" leitet, Informationen zu Tarot- und Channelingsitzungen bezüglich Ihres Tieres oder betreffs Ihrer eigenen Person sowie Hinweise zu tierkommunikatorischen Einzelkonsultationen finden Sie auf der Homepage:

www.tierkommunikation.net

BÜCHER DER AUTORIN:

Mit Tieren kommunizieren
Geschichte einer besonderen Begegnung
128 Seiten, broschiert · ISBN: 978-3-931652-87-6 · € [D]10,90
Verlag »Die Silberschnur«

Seelenbilder unserer Tiere
Handbuch zum Deuten der Aura
113 Seiten, gebunden · ISBN: 978-3926388667· € [D]13,90
G. Reichel Verlag

Tierisch gut dolmetschen
Anleitung zur Tierkommunikation
Hörbuch · ISBN: 978-3980924689 · € [D] 18,95
Lesestudio Verlag

Tierisch gut Probleme lösen
Anleitung zur Tierkommunikation bei Verhaltensauffälligkeiten
Hörbuch · ISBN: 978-3940690005 · € [D] 18,95
Lesestudio Verlag

Tierkommunikation, so einfach
Anleitung zum Erlernen der mentalen Kommunikation mit Tieren
136 Seiten, broschiert · ISBN: 978-3-89845-245-8 · € [D]9,90
Verlag »Die Silberschnur«